essentials

essentials liefern aktuelles Wissen in konzentrierter Form. Die Essenz dessen, worauf es als „State-of-the-Art" in der gegenwärtigen Fachdiskussion oder in der Praxis ankommt. *essentials* informieren schnell, unkompliziert und verständlich

- als Einführung in ein aktuelles Thema aus Ihrem Fachgebiet
- als Einstieg in ein für Sie noch unbekanntes Themenfeld
- als Einblick, um zum Thema mitreden zu können

Die Bücher in elektronischer und gedruckter Form bringen das Expertenwissen von Springer-Fachautoren kompakt zur Darstellung. Sie sind besonders für die Nutzung als eBook auf Tablet-PCs, eBook-Readern und Smartphones geeignet. *essentials:* Wissensbausteine aus den Wirtschafts, Sozial- und Geisteswissenschaften, aus Technik und Naturwissenschaften sowie aus Medizin, Psychologie und Gesundheitsberufen. Von renommierten Autoren aller Springer-Verlagsmarken.

Weitere Bände in der Reihe http://www.springer.com/series/13088

Jens Benicke

Die K-Gruppen

Entstehung – Entwicklung – Niedergang

 Springer VS

Jens Benicke
Freiburg, Deutschland

ISSN 2197-6708 ISSN 2197-6716 (electronic)
essentials
ISBN 978-3-658-24768-3 ISBN 978-3-658-24769-0 (eBook)
https://doi.org/10.1007/978-3-658-24769-0

Die Deutsche Nationalbibliothek verzeichnet diese Publikation in der Deutschen Nationalbibliografie; detaillierte bibliografische Daten sind im Internet über http://dnb.d-nb.de abrufbar.

Springer VS ist ein Imprint der eingetragenen Gesellschaft Springer Fachmedien Wiesbaden GmbH und ist ein Teil von Springer Nature
Die Anschrift der Gesellschaft ist: Abraham-Lincoln-Str. 46, 65189 Wiesbaden, Germany

Was Sie in diesem *essential* finden können

- Den historischen Hintergrund vor dem die K-Gruppen entstehen
- Kurze Entwicklung der K-Gruppen aus dem Niedergang der 68er-Bewegung
- Darstellung der einzelnen K-Gruppen
- Einordnung der K-Gruppen in das „Rote Jahrzehnt"

*Wir sind keine Doktrinäre. Unsere Lehre
ist kein Dogma.*

Lenin 1917

Inhaltsverzeichnis

1   Einleitung   1

2   Das rote Schisma – Der historische Hintergrund   3

3   Von Adorno zu Mao – Die Entstehung der
    K-Gruppen aus der niedergehenden 68er-Bewegung   5

4   Die K-Gruppen – Marxistisch-Leninistische
    Organisationen in der Bundesrepublik 17
      4.1   Kommunistische Partei Deutschlands/
             Marxisten-Leninisten 20
      4.2   Kommunistischer Arbeiterbund Deutschlands und
             Marxistisch-Leninistische Partei Deutschlands 24
      4.3   Kommunistische Partei Deutschlands/Aufbauorganisation 26
      4.4   Kommunistischer Bund Westdeutschlands 28
      4.5   Kommunistischer Bund 30
      4.6   Arbeiterbund zum Wiederaufbau der KPD 32

5   Die K-Gruppen – ein Phänomen der 1970er 35

Literatur 39

Einleitung 1

2018 jährt sich das Protestjahr 1968 zum 50. Mal. Während die vergangenen Jubiläen oftmals zu hitzigen vergangenheitspolitischen Debatten über die Einordnung der damaligen Geschehnisse geführt haben, scheint dieses Mal eine unaufgeregte Historisierung der Protestbewegung vorzuherrschen. Das Gros der Historiker, Journalisten und Zeitzeugen blickt inzwischen wohlwollend auf die vergangenen Ereignisse zurück und bewertet sie als vielleicht im Ablauf und in den vertretenen Inhalten überzogen, aber im Ergebnis doch zumindest als Teil der gelungenen Liberalisierung der deutschen Gesellschaft. Oftmals wird eine geschichtliche Kontinuitätslinie von 1968 über die Bürgerinitiativen der 1980er-Jahre und der Entstehung der Grünen Partei bis hin zu deren Regierungsbeteiligung 1998 gezogen.

In dieser Sichtweise werden jedoch aus der 68er-Bewegung und der aus ihr hervorgehenden Nachfolgegruppierungen und -bewegungen die gesellschaftsverändernden und -stürzenden Inhalte eskamotiert. Vom Linksradikalismus des antiautoritären Flügels der Studierendenbewegung, über den bewaffneten Kampf der „Rote Armee Fraktion" bis zu den militanten Bewegungen der Spontis und Autonomen bestimmten jedoch oftmals ein unversöhnlicher Gegensatz das Verhältnis zum bürgerlichen Staat. Auch die marxistisch-leninistischen Gruppierungen, die im Gefolge von 1968 entstanden, wollten die Gesellschaft nicht liberalisieren, sondern revolutionär stürzen. Diese Unversöhnlichkeit mit den Verhältnissen, aber vor allem ihr autoritäres Gebaren, das den antiautoritären Impuls von 1968 in sein Gegenteil verkehrte, machte es den damals in ihnen Aktiven, die inzwischen zu Zeitzeugen avancierten, und den mit der Studierendenbewegung sympathisierenden Interpreten schwer, sich positiv auf diese sogenannten K-Gruppen zu beziehen. Folgerichtig fand deshalb auch lange Zeit keine ernsthafte Auseinandersetzung mit diesem politischen Phänomen statt. Erst als mit der rotgrünen Regierung 1998 eine ganze Reihe ehemaliger Mitglieder der maoistischen

© Springer Fachmedien Wiesbaden GmbH, ein Teil von Springer Nature 2019
J. Benicke, *Die K-Gruppen,* essentials,
https://doi.org/10.1007/978-3-658-24769-0_1

Organisationen bis hinauf in Ministerränge gelangte, begann eine zunächst journalistische, bald aber auch eine wissenschaftliche Beschäftigung mit diesen Gruppierungen. Neben einer vornehmlich zur Diffamierung der ehemaligen und inzwischen gründlichen gewendeten K-Gruppen-Mitglieder betriebenen Enthüllungsberichterstattung erschienen auch autobiografisch gefärbte Auseinandersetzungen (vgl. Koenen 2002), detaillierte Untersuchungen einzelner Organisationen (vgl. Steffen 2002) und einige wenige Gesamtüberblicke und Einordnungen (vgl. Kühn 2005; Benicke 2010; Stengl 2011).

Dieses *essential* soll nun einen kurzen und prägnanten Überblick über die Entstehung, die Entwicklung und den Niedergang der K-Gruppen liefern. Es basiert auf meiner Dissertation und der darauf fußenden Publikation „Von Adorno zu Mao. Über die schlechte Aufhebung der antiautoritären Bewegung" (vgl. Benicke 2010) und zahlreichen Vorträgen zum Thema.

Das rote Schisma – Der historische Hintergrund

2

Die Entstehung der K-Gruppen lässt sich nur verstehen vor dem Hintergrund des Konflikts zwischen den sich als kommunistisch verstehenden Staaten. Diese hatten seit der Machtübernahme der „Kommunistischen Partei Chinas" (KPCh) im Jahr 1949 mit der Volksrepublik China ein zweites Zentrum neben der Sowjetunion. Allerdings war das Verhältnis zwischen den beiden Staaten von Anfang an gespannt, und es dauerte nicht lange, bis ein offener Konflikt ausbrach.

Zum offenen Bruch zwischen den beiden Staaten kam es 1956 nach dem XX. Parteitag der „Kommunistischen Partei der Sowjetunion" (KPdSU). Auf diesem hielt der sowjetische Partei- und Regierungschef Nikita Chruschtschow seine berühmt gewordene Geheimrede, in der er eine Abkehr vom Stalinismus formulierte (vgl. Chruschtschow 1990). Er erklärte, dass aufgrund der Stärke des sozialistischen Lagers und der Schwäche des Imperialismus in Zukunft der friedliche Übergang zum Sozialismus der Hauptweg für die Kommunisten sein müsse (vgl. Schatten 1963, S. 27). Konkret bedeuteten diese Vorgaben, dass die Sowjetunion in der internationalen Politik gegenüber dem westlichen Lager eine Strategie der friedlichen Koexistenz betreiben wollte. An die Stelle militärischer Auseinandersetzungen solle der wirtschaftliche Wettbewerb treten. Nur noch in diesem soll sich die Überlegenheit des sozialistischen Gesellschaftssystems beweisen. Für die kommunistischen Parteien innerhalb der kapitalistischen Welt hieß dies, dass sie ausschließlich über Wahlen versuchen sollten, an die Macht zu gelangen. Ein gewaltsamer Umsturz, der nach der bisher vertretenen Theorie der einzige Weg war, den Kapitalismus zu überwinden, sollte dagegen von den westlichen kommunistischen Parteien, die seit der Etablierung der dritten „Kommunistischen Internationalen" (Komintern) nur noch „außenpolitische Anhängsel der Sowjetunion" (Eisenberg und Thiel 1973, S. 89) waren und ihre Strategie vollkommen der sowjetischen Führung untergeordnet hatten, nicht mehr angestrebt werden.

© Springer Fachmedien Wiesbaden GmbH, ein Teil von Springer Nature 2019   3
J. Benicke, *Die K-Gruppen,* essentials,
https://doi.org/10.1007/978-3-658-24769-0_2

Diese ideologischen Vorgaben der KPdSU führten schließlich zum Bruch zwischen der Sowjetunion und der Volksrepublik China. In ihrem „Vorschlag zur Generallinie der internationalen kommunistischen Bewegung" formulierte die „Kommunistische Partei Chinas" am 14. Juni 1963 als Erwiderung auf die sowjetische Position 25 Punkte. Darin hieß es unter anderem:

> Diese allgemeine Linie der internationalen kommunistischen Bewegung auf eine ‚friedliche Koexistenz', einen ‚friedlichen Wettkampf' oder einen ‚friedlichen Übergang' einzuschränken heißt, [...] auf die historische Sendung der proletarischen Weltrevolution verzichten und die revolutionäre Doktrin des Marxismus-Leninismus verraten (Zentralkomitee der Kommunistischen Partei Chinas 1967, S. 174).

Der KPdSU wurde weiter vorgeworfen, die Lehren Lenins und Stalins revidiert und eine Restauration des Kapitalismus in der UdSSR eingeleitet zu haben.[1]

Der Bruch zwischen der Volksrepublik China und der UdSSR hatte auch Folgen für die kommunistischen Parteien in Westeuropa. Denn in fast allen westlichen Ländern kam es daraufhin zu kleineren Abspaltungen von den an Moskau orientierten kommunistischen Parteien (vgl. Schlomann und Friedlingsstein 1970). Auch in Westdeutschland entstanden so verschiedene kleinere Zirkel, aus denen mit der „Kommunistischen Partei Deutschlands/Marxisten-Leninisten" (KPD/ML) am 31. Dezember 1968 die erste relevante K-Gruppe hervorging. Dass diese maoistische Parteigründung in der Bundesrepublik so spät geschah und selbst im Vergleich mit den anderen westeuropäischen Abspaltungen zahlenmäßig sehr klein ausfiel, ist auf die westdeutsche Besonderheit als Frontstaat des Kalten Krieges mit einem ausgeprägten Antikommunismus und dem daraus resultierenden Verbot der „Kommunistischen Partei Deutschlands" (KPD) im Jahr 1956 zurückzuführen.

Die KPD/ML stellte aber unter den in der Folge gegründeten K-Gruppen eine Ausnahme dar, da sie die einzige Gruppe war, die nicht direkt aus der Studentenrevolte hervorging. Trotzdem war auch die Geschichte der KPD/ML eng mit der Studentenbewegung verknüpft, da auch sie erst durch den Zustrom von Studierenden aus der zerfallenden Bewegung eine gewisse gesellschaftliche Relevanz erreichte. Alle anderen K-Gruppen dagegen waren originäre Produkte der zerfallenden „Außerparlamentarischen Opposition".

---

[1]Ironischerweise sprachen sowohl Lenin als auch Stalin, nachdem sie erkennen mussten, dass die Oktoberrevolution nicht zum Auftakt der Weltrevolution wurde und sie nun um die Existenz der UdSSR kämpfen mussten, von der friedlichen Koexistenz zwischen den verschiedenen Gesellschaftssystemen. Lenin tat dies bereits 1919 in einer Botschaft an die amerikanischen Arbeiter (Vgl. Lenin 1964, S. 21–22).

Von Adorno zu Mao – Die Entstehung der K-Gruppen aus der niedergehenden 68er-Bewegung

Neben dem XX. Parteitag der KPdSU und dem darauffolgenden Bruch zwischen China und der Sowjetunion gab es 1956 noch ein zweites weltgeschichtliches Ereignis, das weitreichende Folgen für die politische Linke hatte. In Ungarn kam es in diesem Jahr zu einem Aufstand gegen das sowjetisch kontrollierte Regime, welcher durch sowjetische Truppen blutig niedergeschlagen wurde. Dieses Ereignis war für viele Westlinke der endgültige Grund, mit dem Sowjetmarxismus zu brechen und aus ihren kommunistischen Parteien auszutreten. Aus diesen Kreisen entwickelte sich im Folgenden eine sog. „Neue Linke". Diese suchte nach einem neuen politischen Weg jenseits von Stalinismus und Sozialdemokratie.

Ökonomisch waren die 1950er- und 1960er-Jahre des vergangenen Jahrhunderts die Phase des Nachkriegsbooms, der in den Industrieländern durch eine fordistische und keynesianische Wirtschaftspolitik gekennzeichnet war. Das bedeutete eine technologische Massenproduktion, die unter anderem durch Massenkonsum finanziert wurde. In dieser Phase benötigte das Kapital nicht nur viele Arbeitskräfte für Fabriken, Baustellen usw., die etwa in der Bundesrepublik Deutschland als sog. Gastarbeiter aus dem Ausland angeworben wurden, sondern auch gut ausgebildete technische Intellektuelle. Die Universitäten wurden in diesem Zeitraum zum ersten Mal zur „Massenuniversität", an der größere Teile der Jugend ausgebildet wurden. Das Studium wurde in diesem Zusammenhang auch gezielter auf die Bedürfnisse der Verwertung hin ausgerichtet.

Durch diese ökonomische Entwicklung und die zuvor beschriebenen Ereignisse seit 1956 bildeten sich in Westeuropa und den USA kleine Zirkel, oft um Zeitschriftenprojekte, die zu Keimzellen einer „Neuen Linke" wurden (vgl. Gilcher-Holtey 2001, S. 11 ff.). Beispiele dafür waren die „New Left Review" in London, „L´Arguments" in Paris, die „Quaderni Rossi" in Italien und Gruppen wie die „Situationistische Internationale" oder die Gruppe „Socialisme ou Barbarie".

© Springer Fachmedien Wiesbaden GmbH, ein Teil von Springer Nature 2019
J. Benicke, *Die K-Gruppen*, essentials,
https://doi.org/10.1007/978-3-658-24769-0_3

In West-Deutschland wurde der „Sozialistische Deutsche Studentenbund" (SDS) zum Zentrum der hiesigen „Neuen Linken" (vgl. Fichter und Lönnedonker 1998). Ursprünglich als Studentenorganisation der SPD gegründet, wurde dieser nach einer allmählichen Linksentwicklung mittels eines Unvereinbarkeitsbeschlusses aus der Partei gedrängt. Der nun heimatlose Verband näherte sich dann den internationalen Gruppen der „Neuen Linken" an und beschäftigte sich auch mit den Theorien und der Praxis der US-amerikanischen Bürgerrechtsbewegung, die neue Demonstrations- und Aktionsformen, wie etwa sit-ins oder go-ins entwickelt hatte.

Auch inhaltlich unterschied sich diese „Neue Linke" in vielen Positionen von der „Alten Linken" (vgl. Gilcher-Holtey, S. 15 f.): Es kam zu einer Neulektüre der Marxschen Schriften. Es wurden Marx-Lesekreise veranstaltet, zum Teil wurden auch Schriften zum ersten Mal in die jeweilige Landessprache übersetzt, wie etwa in Italien. Vor allem die Frühschriften und Texte wie die „Grundrisse der Kritik der politischen Ökonomie" von Karl Marx bekamen durch diese „Neuentdeckung" einen ganz anderen Stellenwert als in der orthodoxen marxistischen Lesart. Auch kam es durch die Einbeziehung dissidenter linker Strömungen zu einer Aufnahme psychoanalytischer und existenzialistischer Einflüsse. So bezog sich die „Neue Linke" in ihrer Marx-Rezeption viel stärker auf den Begriff der Entfremdung und nicht mehr so sehr auf den Begriff der Ausbeutung, wie dies noch die „Alte Linke" tat.

Auch der Revolutionsbegriff wurde erweitert. Es ging nicht mehr nur darum, die Macht zu übernehmen und die Wirtschaft unter Kontrolle zu bekommen, sondern die Revolution sollte zu einer umfassenden Umwälzung in allen Bereichen der Gesellschaft und des Lebens führen. Das bisher Private wurde damit politisch.

Damit zusammenhängend wurde eine neue Transformationsstrategie entwickelt. Nicht die Unterordnung der Einzelnen unter ein Kollektiv, dessen autoritäre Vorgaben in einer einmaligen Machteroberung umgesetzt werden sollten, war das anvisierte Vorgehen, sondern bereits vorher sollten neue Lebens- und Verkehrsformen experimentell ausprobiert und Subkulturen gebildet werden. In diesen Subkulturen sollte bereits innerhalb der alten Gesellschaft die neue hervorscheinen. Hier deckte sich die Vorstellung der „Neue Linken" oftmals mit frühsozialistischen und siedlungsanarchistischen Utopien.

Diese Herangehensweise hatte auch Auswirkungen auf die Organisationsfrage. Die „Neue Linke" war eine Bewegung und keine Partei, wie es die „Alte Linke" war bzw. wurde. Durch die „Direkte Aktion" sollten sowohl die Gesellschaft als auch die Menschen verändert werden.

Die „Neue Linke" bezog sich dabei nicht mehr so verengt auf die Industriearbeiterschaft als einzigem Träger der Umwälzung. Gesellschaftliche Randgruppen, Intellektuelle, die Jugend, die Frauen und Minderheiten spielten bei ihr eine viel größere Rolle.

Tab. 3.1 Unterschiede „Neue Linke"/„Alte Linke". (Eigene Darstellung nach Gilcher-Holtey 2001)

	„Neue Linke"	„Alte Linke"
Zentraler Begriff	Entfremdung	Ausbeutung
Ziel	Umfassende gesellschaftliche Umwälzung	Machtübernahme
Weg	Umgestaltung beginnt im Hier und Jetzt	Machtübernahme
Organisationsform	Bewegung	Partei
Zielgruppen	Jugendliche, Intellektuelle, Randgruppen	Industriearbeiterklasse

Zusammengefasst lassen sich die Unterschiede zwischen „Alter" und „Neuer Linken" knapp so darstellen (s. Tab. 3.1):

Bedeutend für die Theoriebildung der „Neuen Linken" war eine Wiederentdeckung weitgehend vergessener und verdrängter linker Strömungen. Als Beispiele können hierzu der Anarchismus, der Rätekommunismus oder der „Westliche Marxismus" aufgeführt werden. In der Bundesrepublik war vor allem die „Kritische Theorie", die dem „Westlichen Marxismus" zugeschrieben wird, bedeutsam. Insbesondere deren frühe Veröffentlichungen aus der Zeit vor dem amerikanischen Exil zirkulierten innerhalb der Studierendenbewegung als Raubdrucke und entfalteten eine breite Wirksamkeit. Die Schriften der „Kritischen Theorie" wurden so zum „Medium der Selbstverständigung der studentischen Protestbewegung in der Bundesrepublik" (Demirović 1999, S. 48).

So lieferte der 1940 von Max Horkheimer veröffentlichte Aufsatz „Autoritärer Staat" (vgl. Horkheimer 1987) die Argumentationslinien für die Proteste der „Neuen Linken" gegen die Notstandsgesetze und zur Analyse der bundesrepublikanischen Gesellschaft der späten 1960er-Jahre. Diese Zeit war geprägt durch den ersten Kriseneinbruch nach dem Zweiten Weltkrieg. Horkheimer hatte die klassenübergreifende Zusammenarbeit der staatlichen, monopolistischen und gewerkschaftlichen Bürokratien bereits für die 1930er und 40er-Jahre als das gemeinsame Element der Krisenreaktion benannt. Und dies wollte er sowohl für die westlichen Demokratien wie die USA, die faschistischen Regierungen, als auch das stalinistische Regime verstanden wissen.

Die antiautoritären Studierenden übertrugen nun Horkheimers Analyse auf die Verhältnisse der Bundesrepublik. Prominent geschah dies im sog. Organisationsreferat von Rudi Dutschke und Hans-Jürgen Krahl (vgl. Krahl und Dutschke 1967). Dort stellten die beiden bedeutendsten Theoretiker der „Neuen Linken" in Deutschland fest, dass der Staat, durch die Ausschaltungen der Konkurrenz im Monopolkapitalismus und die Symbiose mit der industriellen und finanzwirtschaftlichen

Bürokratie, zum gesellschaftlichen Gesamtkapitalisten wird und die Gesellschaft zur Gesamtkaserne. Diesen antidemokratischen Tendenzen stellten Dutschke und Krahl direkte, bewusstseinskonstituierende Aktionen entgegen, die die Manipulation der Bevölkerung durchbrechen sollten. Dabei war die Zielgruppe in erster Linie die an der Aktion beteiligten Jugendlichen, die durch die sog. „Aufklärung durch die Aktion" politisiert werden sollten.

Dutschke und Krahl sahen in den protestierenden Jugendlichen Katalysatoren, die zum Ausgangspunkt für die Rückgewinnung der revolutionären Funktion der Arbeiterklasse werden sollten. Dabei bezogen sie sich auf einen weiteren Vertreter der „Kritischen Theorie", nämlich Herbert Marcuse.

Dieser von der Presse als das „Idol der Studenten" bezeichnete Philosoph hatte eine Integration der Arbeiter in die „eindimensionale Gesellschaft" (Marcuse 1967) festgestellt. Und seiner Meinung nach könnten nur nichtintegrierte Randgruppen – Marcuse, der zu dieser Zeit in den USA lebte, dachte hierbei in erster Linie an die Bürgerrechtsbewegung der Schwarzen – und Intellektuelle durch ihre Proteste dafür sorgen, dass diese Integration rückgängig gemacht wird. Verstärkt wurde diese Analyse noch dadurch, dass Marcuse die Arbeiterklasse nicht auf das Industrieproletariat beschränkt sehen wollte, sondern durch die Automatisierung einen stetigen Bedeutungsgewinn der „white-collar-Workers", also der Techniker, Forscher und Facharbeiter erkannte. Zur selben Zeit wurden ähnliche Gedanken von Serge Mallet (vgl. Mallet 1972), der von einer „neuen Arbeiterklasse" sprach, und von Charles Wright Mills (vgl. Wright Mills 1962) diskutiert, der in den radikalen Intellektuellen die einzige „historische Agentur der Veränderung" sah. Die Neue Linke konnte mithilfe dieser Überlegungen die leninistische Beschränkung auf die Industriearbeiterklasse als dem einzigen revolutionären Subjekt überwinden.

Konkret umgesetzt wurden die Gedanken Marcuses etwa in der sogenannten Randgruppenkampagne, bei der in erster Linie Jugendliche in geschlossenen Heimen organisiert werden sollten. Viele Heimjugendliche nutzten die Aktionen der Antiautoritären, flüchteten aus den Heimen und wurden anschließend von den Studierenden in ihren eigenen Strukturen untergebracht und versorgt. Eine Einbindung in die politische Arbeit misslang dagegen meistens, da die Jugendlichen lieber ihre neu gewonnenen Freiheiten genießen wollten, als in den studentischen Gruppen mitzuarbeiten.

Im Gegensatz zu den Überlegungen Marcuses, die sich in eine konkrete Praxis umsetzen ließen, tat sich die Protestbewegung mit den Gedanken Theodor W. Adornos deutlich schwerer. Denn für Adorno war eine unmittelbare emanzipatorische Praxis in den herrschenden Verhältnissen nicht nur nicht mehr möglich, sondern sie würde sogar den herrschenden Verblendungszusammenhang nur noch verstärken. Daran übten die radikalen Studierenden schon früh Kritik. So schrieb etwa die „Subversive Aktion" bereits 1963:

> Die Frage erhebt sich, ob die Frankfurter Schule durch die beständige Proklamierung der Ausweglosigkeit der bestehenden Situation die Dialektik dieser Einsicht durchschaut hat und ob sie sich nicht durch die Manie der perfekten Analyse, durch die selbst die bedeutendsten Leute von der Gesellschaft auf Eis gelegt werden, von der Importanz einer Aktion freispricht (Subversive Aktion 1976).

Das Verhältnis von Theorie und Praxis war folglich der Punkt, an dem die antiautoritären Studierenden mit ihrem theoretischen Vorbild Adorno immer wieder aneinandergerieten. Geradezu exemplarisch deutlich wurde dies an der Besetzung des „Instituts für Sozialforschung" im Wintersemester 1968/1969. Diese Besetzung wurde vom Adorno-Schüler Hans-Jürgen Krahl mit angeführt, der davon ausging, dass die Bewegung in gewissen Maße immer noch auf kritische Autoritäten angewiesen war, „die mit der Waffe der Autorität selber das Autoritätsprinzip der Gesellschaft mit abbauen helfen sollen" (Krahl 1971, S. 257).

Doch diese Hoffnung erwies sich als trügerisch, denn Adorno ließ als Direktor des Instituts das besetze Gebäude durch die Polizei räumen. Detlev Claussen schrieb rückblickend über diese Aktion:

> In der Besetzung des Instituts äußert sich der Wunsch nach Hilfe von den Vätern, die einen so schwach in der Welt dastehen ließen – mit all dem theoretischen Rüstzeug, das sie einem gegeben hatten. Aber es waren keine realen, sondern intellektuelle Väter, die dort attackiert wurden – und damit wurden die gesellschaftlichen Verhältnisse repersonalisiert auf die, deren Arbeit zur Kritik derselben am meisten beitragen (Claussen 1998, S. 69).

Die Protestbewegung reagierte empört auf die Reaktion der kritischen Theoretiker und warf ihnen vor, zu „Bütteln des autoritären Staates" (Streikkomitee Spartakus 1998, S. 527) geworden zu sein. Doch die Vertreter der „Kritische Theorie" waren in diesem Punkt nicht einheitlich. Marcuse schrieb in einem Brief an Adorno: „wenn die Alternative ist: Polizei oder die Studenten der Linken, bin ich mit den Studenten" (Marcuse 1996, S. 718). Es zeigten sich also deutliche Unterschiede im Verhältnis zur Protestbewegung, während Adorno und auch Horkheimer dieser eher distanziert gegenüberstanden wenn auch Adorno öfter seine Sympathien ihr gegenüber äußerte sah sich Marcuse eindeutig an der Seite der protestierenden Studierenden.

Der Adorno-Assistent Jürgen Habermas dagegen stand an der Seite seines Vorgesetzten. Obwohl er schon seit Jahren aktiv für eine Reform der Studienbedingungen und gegen die drohende Atombewaffnung der Bundeswehr protestierte, gingen ihm die Aktionen der Antiautoritären zu weit. In diesem Zusammenhang fiel dann auch der berühmte, später von Habermas aber wieder zurückgenommene Vorwurf des „linken Faschismus".

Habermas sah, durchaus analog zu Horkheimer und Adorno, die Gefahr, dass die Aktionen der Studentenbewegung zu autoritären Gegenreaktionen von Staat und Gesellschaft führen könnten, die die noch nicht sehr tief verankerte parlamentarische Demokratie gefährden könnten. Und mit diesen Befürchtungen hatte er auch nicht ganz unrecht, wenn man sich etwa die polizeilichen Reaktionen auf die Proteste gegen den Besuch des Schahs 1967 ansieht, die in der Erschießung des Studenten Benno Ohnesorg gipfelten. Auch vonseiten der „normalen" Bevölkerung schlug den Demonstrierenden oftmals blanker Hass bis hin zu Gewalttätigkeiten entgegen. Habermas schlug deshalb anstelle der provokativen Aktionsformen der Bewegung, ein Bündnis mit Gewerkschaften und liberaler Presse vor, um so eine schrittweise Demokratisierung zu erreichen.

Diesen Überlegungen begegneten die Antiautoritären mit der Kritik, dass die Gewerkschaften längst selbst zu autoritären Massenorganisationen geworden seien, die sich in die vorherrschende Tendenz des integralen Etatismus eingefügt hätten. Einer unmittelbaren Aufklärung der Bevölkerung durch das von Habermas vorgeschlagene Bündnis mit der liberalen Presse erteilten sie ebenfalls eine Absage. Einerseits wäre durch den totalisierenden Zugriff der Kulturindustrie eine solche Strategie überhaupt nicht mehr möglich und andererseits wären auch die Menschen aufgrund ihrer im Spätkapitalismus herausgebildeten Charakterstrukturen gar nicht mehr in der Lage, von einer solchen Aufklärungsstrategie erreicht zu werden.

Die antiautoritären Studierenden argumentierten hier also mit den Erklärungen der „Kritischen Theorie" gegen Habermas. Ihrer Meinung nach konnte nur eine auf Selbstveränderung in den Protesten gerichtete Strategie erfolgreich sein. Sie versuchten praktische Lehren aus den Forschungen der „Kritischen Theorie" zu den für den Faschismus anfälligen autoritären Charakterstrukturen zu ziehen (vgl. Benicke 2016): Sei es durch ihre Aktionsformen, wie teach-ins oder konfrontativer Happenings, durch ihre Experimente alternativen Zusammenlebens in Kommunen oder Wohngemeinschaften oder durch den Versuch nichtautoritäre Formen der Erziehung, etwa in Kinderläden, zu erproben.

Diese Praxis belegt, dass sich der antiautoritäre Flügel der Studentenbewegung intensiv mit der Faschismusanalyse der „Kritischen Theorie" auseinandergesetzt hat und daraus Handlungsoptionen ableitete. Bei der inhaltlichen Debatte über eine Theorie des Faschismus war die Zeitschrift „Das Argument" von großer Bedeutung. Dort war das Thema über mehrere Ausgaben der Schwerpunkt.

Die Argument-Autoren grenzten sich dabei sowohl vom westlichen als auch vom östlichen Faschismusverständnis ab. Im westlichen wurde dabei entweder die Schuld an den NS-Verbrechen auf eine diabolische Führungsgruppe um Hitler abgeschoben oder mithilfe der Totalitarismustheorie festgestellt, dass der „östliche Totalitarismus" sowieso viel schlimmer sei. Die im „Argument" ebenfalls zu Wort kommenden DDR-Faschismus-Forscher sahen dagegen in den Nazis reine Marionetten des Monopolkapitals, die das kapitalistische System vor dem proletarischen Ansturm retten mussten.

Dagegen betonten die „Argument"-Autoren einerseits den Zusammenhang von kapitalistischer Vergesellschaftung und Faschismus, dies unter anderem im expliziten Rückgriff auf Max Horkheimer, aber andererseits auch die qualitativen Unterschiede. Der Historiker Tim Mason etwa sah im Nationalsozialismus ein Primat der Politik vor der Ökonomie am Werk, das den klassischen Faschismus-Analysen widerspräche. Die Judenvernichtung überschreite jede kapitalistische Rationalität und lasse sich somit mit der orthodox-marxistischen Analyse nicht mehr erfassen (vgl. Mason 1966, S. 474). Und Ronald Wiegand entwickelte eine Analyse des Antisemitismus, die schon zentrale Gedanken vorwegnimmt, die später der amerikanische Historiker und Philosoph Moishe Postone für seine Überlegungen verwenden wird (vgl. Wiegand 1970).

Der Kampf gegen den Antisemitismus spielte für die frühe Studentenbewegung der fünfziger und frühen sechziger Jahre eine zentrale Rolle. Proteste gegen die Filme des „Jüd-Süss"-Regisseurs Veit Harlan oder gegen antisemitische Übergriffe bestimmten damals die Agenda der studentischen Aktivisten. Doch auch theoretisch versuchten sie den Antisemitismus zu fassen. Dazu wurden Seminare, Vorträge und Ausstellungen organisiert. Die Texte der „Kritischen Theorie", etwa das Kapitel „Elemente des Antisemitismus" aus der „Dialektik der Aufklärung" von Horkheimer und Adorno, waren dabei konstitutiv (vgl. Horkheimer und Adorno 1988).

Als ein Beispiel des studentischen Engagements gegen Antisemitismus lässt sich das Seminar „Die Überwindung des Antisemitismus" aus dem Jahr 1960 in Berlin anführen. Dort wurde festgestellt, dass der aktuelle Judenhass in der Bundesrepublik sich aus zwei Quellen speise: 1) gab es in der BRD keine schonungslose Aufarbeitung der NS-Vergangenheit und 2) herrsche ein totalitärer Antikommunismus, dessen Strukturen Parallelen zum Antisemitismus aufweisen. Aus diesen Ergebnissen zog das Seminar den Schluss, die Kontinuitäten zwischen dem Nationalsozialismus und der Bundesrepublik zu untersuchen. Eine Arbeitsgruppe wurde eingerichtet, die Material zu personellen Überschneidungen sammeln und auswerten sollte. Aus dieser Materialsammlung gingen Ausstellungen, wie etwa die zur „ungesühnten Nazijustiz" hervor, in der Beweise für von

Richtern und Staatsanwälten begangenen NS-Verbrechen präsentiert wurden, die noch in der Bundesrepublik aktiv waren. Die Ausstellung war in der Öffentlichkeit stark umstritten, da viele Dokumente darin aus der DDR, Polen und der damaligen Tschechoslowakei stammten. Sie wurde deshalb vielfach als SED-Propaganda abgelehnt und war auch ein Grund für den Unvereinbarkeitsbeschluss zwischen der SPD und seinem damaligen Studierendenverband SDS.

Vorbild für die deutschen Aktivisten war auch die Bewegung in Frankreich, wo es im Mai 1968, ausgelöst durch studentische Protestaktionen, zu einer sozialen Revolte kam, die große Teile der Arbeiterklasse erfasste und das gesamte Land zeitweilig lahmlegte. Dabei wurden auch viele Fabriken besetzt und es bildeten sich selbstverwaltete Streikkomitees. Die „Alte Linke" in Form der „Kommunistischen Partei Frankreichs" lehnte die Proteste erst ab und profilierte sich als „Partei der Ordnung", um dann in die Kämpfe zu intervenieren und sie in geordnete Bahnen zu lenken, auf Tarifverhandlungen und Wahlen hin. So schnell und massiv wie die Proteste in Frankreich entstanden waren, so schnell fielen sie dort auch wieder in sich zusammen.

Auch in Deutschland erreichten die Proteste im Frühjahr 1968 ihren Höhepunkt: einerseits mit dem Widerstand gegen die Notstandsgesetze und andererseits nach dem Attentat auf Rudi Dutschke.

In der Bundesrepublik gab es bereits seit den 1950er-Jahren Diskussionen über die Einführung von Gesetzen für den Fall von Krisensituationen. Ursprünglich sah das Grundgesetz, aufgrund der Erfahrungen der Weimarer Republik, keine speziellen Regelungen für einen staatlichen Notstand vor. Mit der Großen Koalition existierte seit 1966 nun eine Regierung, die die nötige Zweidrittel-Mehrheit für die Änderung des Grundgesetzes innehatte und die daran ging, die Notstandsgesetze konkret auszuarbeiten. Bereits sehr früh gab es breite Proteste gegen das Vorhaben, in denen sich der SDS stark profilierte. Die Antinotstandproteste wurden aber erst 1968 zu einer Massenbewegung, an der sich nicht nur die Studentenbewegung, sondern auch Gewerkschaften, Pazifisten und weitere gesellschaftliche Gruppen beteiligten. Doch konnte die Einführung der Gesetze nicht verhindert werden. Zwar kam es in Bonn zu einer eindrucksvollen Großdemonstration, aber eine Aktionseinheit kam nicht zustande, da die Gewerkschaftsführung zu einer eigenen Veranstaltung nach Dortmund mobilisiert hatte. Auch der Streikaufruf des SDS wurde fast nur an Universitäten und Schulen befolgt, nur in einigen wenigen Betrieben kam es zu kurzen Arbeitsniederlegungen.

Auch das Attentat auf Rudi Dutschke im April 1968, das von dem Rechtsradikalen Josef Bachmann verübt wurde, führte zu einer Ausweitung der Proteste. Nun sprang die Studentenrevolte endgültig von Westberlin in die gesamte BRD über und wurde durch die Beteiligung von Schülern und Lehrlingen zu einer allgemeinen Jugendbewegung. Die im Gefolge des Dutschke-Attentats ausgebrochenen sogenannten Osterkrawalle waren die bis dato schwersten Ausschreitungen in der Bundesrepublik. Zum Ziel der Angriffe wurde dabei meist der Axel-Springer-Verlag, der durch seine mediale Hetze das Klima für das Attentat geschürt hatte. Bereits vorher gab es in der Studentenbewegung den Plan, eine „Enteignet-Springer"-Kampagne zu starten, um dessen monopolisierte Meinungsmacht zu brechen.

In Folge dieser Proteste strömten nun massenhaft Interessierte in den SDS und die antiautoritären Klubs und brachten diese an ihre organisatorischen Grenzen. Dieser neuen Generation der Aktivisten fehlte jedoch die Erfahrung der jahrelangen theoretischen Diskussionen, die die antiautoritäre Fraktion in den sechziger Jahren bis dahin geprägt hatte. Essenzielle Bezugspunkte, wie etwa die „Kritische Theorie", wurden nun zunehmend verdrängt.

Die neuen Aktivisten und die Erfahrungen aus Frankreich, die wilden Streiks und Besetzungen, aber auch das Scheitern von zentralen Projekten in Deutschland, wie der Anti-Notstands- und der Anti-Springer-Kampagne, führten zu einer inhaltlichen Neuorientierung der Protestbewegung.

Die studentischen Aktivisten spürten, dass ihre Proteste an eine Grenze gestoßen waren. Unter anderem war es, im Gegensatz etwa zu Frankreich oder Italien, nicht gelungen, größere Teile der Arbeiterklasse zu mobilisieren. Dieses Bewusstsein wurde auch durch die im Herbst 1969 ausbrechenden Welle wilder Streiks in West-Deutschland, der sogenannten Septemberstreiks, befördert. Innerhalb der Bewegung wurde nun von der „proletarischen Wende" gesprochen. Aber anders als etwa in Frankreich oder Italien führte dies in der deutschen Linken zu einer Retraditionalisierung. Hatte sich der antiautoritäre Flügel der Protestbewegung bisher auf die dissidenten Strömungen der Arbeiterbewegung bezogen, vom Rätekommunismus bis zum „Westlichen Marxismus", folgte nun oftmals eine Rückbesinnung auf die „sozialistischen Klassiker".

So empfahl etwa der „Basisgruppenrat" in Frankfurt Texte von Lenin und Mao zur Schulung. Begründet wurde diese Auswahl mit dem Erfolg, den diese Revolutionäre in der Geschichte hatten:

> Wir wollen nicht lesen, was gerade aktuell erscheint. Das sind meist Schreibtischprodukte ‚linker' Professoren. Wir wollen wissen, was richtig und falsch ist. Das lesen wir, wenn wir die Genossen studieren, die in den letzten 150 Jahren die proletarische Revolution erfolgreich geführt haben: MARX, ENGELS, LENIN, STALIN, MAO TSE-TUNG. Dann kann uns auch kein ‚linker' Akademiker mehr etwas vormachen. Ohne revolutionäres Studium ist langfristig eine revolutionäre Praxis der Lehrlinge in den Stadtteilbasisgruppen und der Aufbau einer schlagkräftigen Organisation nicht möglich (Ohne Autorenangabe 1998, S. 634)

Der Hinweis auf den Aufbau einer schlagkräftigen Organisation wies schon den Weg der weiteren Entwicklung. Es folgte das sog. „Gründungsfieber". Überall im Land bildeten sich kleine Gruppierungen und zersplitterten die bis dato relativ einheitliche westdeutsche Linke. Viele dieser Zirkel bezogen sich positiv auf den Maoismus oder andere Lesarten des Marxismus-Leninismus. Die bisherige inhaltliche und praktische Orientierung der Bewegung wurde nun radikal abgelehnt. So sprach etwa die Heidelberger Ortsgruppe des SDS von der „Liquidierung der antiautoritären Phase".

Die neu entstehenden Gruppierungen begriffen sich meist in Analogie zur Situation in Russland zu Beginn des zwanzigsten Jahrhunderts und in der Begrifflichkeit Lenins als „Zirkel", das heißt als Keimform der aufzubauenden kommunistischen Partei.

> Aus der ‚Überwindung des Zirkelwesens' sollte – so die innerhalb der ML-Bewegung allgemein akzeptierte Perspektive – eine bundesweit relevante revolutionäre KP in der Tradition der Komintern der 20er-Jahre entstehen (Steffen 2002, S. 24).

Dem Maoismus kam bei dieser Entwicklung eine zentrale Rolle zu. Seine deutsche Spielart entstand dabei aus der antiautoritären Bewegung heraus. Dort gab es, im Rahmen der Solidarität mit den Befreiungsbewegungen der so genannten 3. Welt, schon länger eine gewisse Sympathie mit der chinesischen Kulturrevolution. Dieser positive Bezug durch Teile der Studentenbewegung hatte dabei in erster Linie projektiven Charakter, das heißt die westlichen Rezipienten lasen aus den Ereignissen in Fernost das heraus, was sie für ihre Ideologiebildung gebrauchen konnten. Der Maoismus und die Kulturrevolution wurden so zu Images, die mehr über die Protestbewegung hierzulande aussagten, als über die historischen Ereignisse in China.

In der Bundesrepublik diente diese Bezugnahme zur doppelten Abgrenzung: Einerseits gegenüber den herrschenden Verhältnissen im Westen, indem auf eine scheinbar verwirklichte sozialistische Gesellschaft verwiesen wurde, aber auch gegen den Staatssozialismus östlicher Prägung, dem der revolutionäre Elan des Maoismus entgegengehalten wurde.

Ein weiterer wichtiger Grund für die Attraktivität der Kulturrevolution findet sich in ihrer Jugendlichkeit. Dies ermöglichte die Übertragung der chinesischen Verhältnisse auf die eigenen gesellschaftlichen Zustände. Wie in China die Jugend gegen die alten Kader rebellierte, die angeblich den Sozialismus bedrohten, so protestierte auch in Westdeutschland die Jugend gegen die Herrschaft der alten Elite, die oft genug noch aus alten Nazis bestand. Treffend wurde dies bei der Demonstration zum Gedenken an die Ermordung von Rosa Luxemburg und Karl

Liebknecht 1969 veranschaulicht, als dort die Parole: „Sie sind alt, wir sind jung – Mao Tsetung" gerufen wurde (Koenen 2001, S. 148).

Mao wurde in dieser Weise zur „Ikone des antibürgerlichen Protestes", und der Historiker Gerd Koenen sieht in ihm die *„radikalste und plakativste Antithese zur 'alten' bürgerlichen Welt ebenso wie zur 'alten' reformistischen Linken"* (Koenen 2001, S. 146).

Kein Wunder also, dass sich auch die Kulturindustrie des chinesischen Revolutionsführers bemächtigte und von Brigitte Bardot bis Paul Breitner der Mao-Look modern wurde.

Doch schon bald wurde aus diesem noch eher lockeren Spiel mit dem „antibürgerlichen" Mao-Image das dröge Zitieren „des großen Vorsitzenden" zur Legitimation der eigenen Kaderorganisation. Und Mao wurde eingereiht in die Ahnengalerie der „sozialistischen Klassiker", die in dogmatischen Schulungskursen gepaukt werden mussten.

Mit dieser Neuorientierung änderte sich natürlich auch die Sichtweise auf die Intellektuellen, und da die meisten Aktivisten in den linken Zirkeln immer noch Schüler und Studenten waren, also auf die eigene Rolle im Revolutionsprozess. Im Gegensatz zur antiautoritären Phase der Proteste, als man den Intellektuellen mit Bezug auf die Theorien von Herbert Marcuse noch eine Katalysatorfunktion im Klassenkampf zugestand, wurde nun auch hier zunehmend auf die marxistisch-leninistischen Ansichten zurückgegriffen. Die Intellektuellen galten nun nur noch als Bündnispartner des Industrieproletariats, die sich diesem unterzuordnen haben.

Zumindest in der Theorie. Denn in der Praxis ergab sich ein ganz anderes Bild. Nach Lenins Auffassung waren nämlich die Arbeiter nur in der Lage ein sog. tradeunionistisches, also gewerkschaftliches Bewusstsein zu entwickeln. Das heißt, sie würden nur für ihre unmittelbaren materiellen Verbesserungen, wie höhere Löhne, kürzere Arbeitszeiten und so weiter kämpfen können, aber sich keine umfassende gesellschaftliche Erklärung für ihre Position als ausgebeutete Klasse erarbeiten können. Diese analytische Weitsicht bliebe den Berufsrevolutionären eigen, die sich vornehmlich aus den bürgerlichen Klassen rekrutierten. Somit gelang den leninistischen Parteitheoretikern hiermit das Kunststück, sich als Intellektuelle einerseits dem Proletariat unterzuordnen, aber andererseits über die Partei der Berufsrevolutionäre doch die Führung über die Arbeiterklasse zu behalten. Das Proletariat wurde zum Objekt, das von den Revolutionären geformt werden musste, oder wie es Maxim Gorki ausdrückte: *„Für Lenin ist die Arbeiterklasse dasselbe, was für den Metallurgen das Erz ist"* (Gorki, 1974, S. 98).

Somit kann der Leninismus als eine Legitimationsideologie für die Führungsrolle der Intellektuellen über die Arbeiterklasse definiert werden. Diese These hatte der holländische Rätekommunist Anton Pannekoek bereits 1938 in seinem Aufsatz „Lenin als Philosoph" aufgestellt (Vgl. Pannekoek 1969). Der Text erscheint 1969 erstmals auf Deutsch in der renommierten „Europäischen Verlagsanstalt" und hätte der zerfallenden Studentenbewegung eine Warnung sein können. Doch die in den neoleninistischen Aufbauorganisationen Aktiven wehrten diese Gedankengänge ab und verfolgten konsequent das Ziel, eine bolschewistische Partei in der Bundesrepublik aufzubauen.

Dem historischen Vorbild aus der russischen Revolution folgten nun größere Teile der Protestbewegung nach, indem sie die Mitglieder-organisation des SDS 1970 liquidierten und mit dem Aufbau leninistischer Kaderparteien begannen. Bereits vorher, im Februar 1970, starb der theoretische Kopf der antiautoritären Bewegung, Hans-Jürgen Krahl, bei einem Autounfall. Mit diesen Ereignissen war die Aufspaltung und Fraktionierung der Protestbewegung besiegelt. Eine kollektive Identität, die konstitutiv ist für eine soziale Bewegung, existierte nun nicht mehr.

Inzwischen hatten sich folgende Strömungen aus der Konkursmasse der Studentenrevolte herausgebildet:

- die an der Moskauer Politik orientierte orthodox-kommunistische „Deutsche Kommunistische Partei" (DKP), die in der Nachfolge der verbotenen KPD steht und den Positionen der UdSSR und der DDR folgte,
- die aktionistische Sponti-Bewegung, die innerhalb des subkulturellen Milieus agierte,
- diejenigen, die in Gruppierungen, wie der RAF, der „Bewegung 2. Juni" oder den „Revolutionären Zellen" den bewaffneten Kampf aufnahmen,
- Anhänger klassischer Strömungen der radikalen Linken, die in der Bundesrepublik bisher eher marginalisiert waren, wie der Trotzkismus oder der klassische Anarchismus,
- diejenigen, die unter dem Slogan des „Marsches durch die Institutionen" wieder in die etablierten Organisationen, wie etwa den Jugendorganisationen der SPD oder FDP eingetreten sind,
- eine große Anzahl von Anhängern östlicher Religionen, Psychosekten und esoterischer Vereinigungen,
- die neue Frauenbewegung, sowie
- die marxistisch-leninistischen Gruppierungen, aus denen im Folgenden die K-Gruppen entstanden.

Die K-Gruppen – Marxistisch-Leninistische Organisationen in der Bundesrepublik

4

Im Laufe der weiteren Entwicklung bildeten sich insgesamt sechs überregional organisierte K-Gruppen, die eine gewisse gesellschaftliche Bedeutung erreichten und die in diesem *essential* berücksichtigt werden. Dazu zählen:

- die „Kommunistische Partei Deutschlands/Aufbauorganisation" (KPD/AO),
- der „Kommunistische Bund Westdeutschlands" (KBW),
- der „Kommunistische Bund" (KB),
- Die „Kommunistische Partei Deutschlands/Marxisten-Leninisten" (KPD/ML),
- der auf Süddeutschland beschränkte „Arbeiterbund zum Wiederaufbau der KPD" (AB),
- und der „Kommunistische Arbeiterbund Deutschlands" (KABD), aus dem 1982 die „Marxistisch-Leninistische Partei Deutschlands" (MLPD) hervorgeht.

Daneben existierten noch einige weitere, kleinere marxistisch-leninistische Gruppierungen, die durchaus auch als K-Gruppen definiert werden können, die aber aufgrund ihrer mangelnden gesellschaftlichen Relevanz nicht berücksichtigt werden.

Die Entstehung dieser sechs Zentren der westdeutschen K-Gruppen war nicht allein auf eine unterschiedliche inhaltliche Ausrichtung zurückzuführen, sondern „auch oder gar wesentlich durch einen Faktor regionaler Hegemonie" (Schröder 1990, S. 22) begründet. Die Gruppen versuchten ihren Einfluss vor Ort gegen die konkurrierenden Organisationen zu festigen und auch regional auszubauen.

Die gemeinsame ideologische Basis der K-Gruppen war der Marxismus-Leninismus. Dieser wird nach Lenins Tod 1924 zur verbindlichen Herrschaftsideologie und weltanschaulichen Grundlage der KPdSU und der mit ihr verbundenen

© Springer Fachmedien Wiesbaden GmbH, ein Teil von Springer Nature 2019
J. Benicke, *Die K-Gruppen,* essentials,
https://doi.org/10.1007/978-3-658-24769-0_4

kommunistischen Parteien in der ganzen Welt. In der Auseinandersetzung zwischen der KPdSU und der KPCh standen die K-Gruppen auf der Seite der chinesischen Partei. Folgerichtig kennzeichnete sie in programmatischer Hinsicht die Ablehnung der ihrer Meinung nach „revisionistisch entarteten" Sowjetunion (vgl. Dickhut 1988) und ihrer westdeutschen „Filiale", der DKP, sowie die vorgeblich konsequente Umsetzung der Ideen Lenins, Stalins, Mao Tse-tungs und des an China orientierten albanischen Parteiführers Enver Hodschas. Anfänglich orientierten sich alle K-Gruppen an der Volksrepublik China als ideologischem Vorbild. Dies änderte sich aber zum Teil nach dem Tode Maos 1976. Intern waren alle K-Gruppen streng hierarchisch und autoritär organisiert. Vorbild für sie war die bolschewistische Kaderpartei in Russland vor der Oktoberrevolution, wie sie von W. I. Lenin entwickelt wurde. Deshalb ist es auch berechtigt, die K-Gruppen als neoleninistische Organisationen zu bezeichnen. Neben der eigentlichen Kaderpartei besaßen die K-Gruppen auch verschiedene Vorfeld- und sogenannten Massenorganisationen, in denen zukünftige Kader herangebildet werden sollten.

Der Name K-Gruppen selbst entstand als gemeinsame Bezeichnung für diese Organisationen, da deren Namen, zumindest anfangs, alle mit einem K als Abkürzung für „kommunistisch" begannen. Die Bezeichnung bürgerte sich Anfang der siebziger Jahre des zwanzigsten Jahrhunderts ein. Als Eigenbezeichnungen bevorzugten die K-Gruppen allerdings meist die Benennung als marxistisch-leninistische oder antirevisionistische Organisationen, um damit ihre Ablehnung des Staatssozialismus Moskauer Prägung zu demonstrieren (vgl. Steffen 2002, S. 17 ff.). In diesem *essential* wird jedoch trotzdem meist die Bezeichnung K-Gruppen verwendet, da sich dieser Begriff in der wissenschaftlichen Auseinandersetzung inzwischen weitgehend etabliert hat.

Das Ziel der K-Gruppen war der gewaltsame Sturz des Kapitalismus unter der Führung der revolutionären Partei der Arbeiterklasse und die Errichtung der Diktatur des Proletariats als Übergangsphase zum Kommunismus. Aus taktischen Gründen, unter anderem um vom Parteienprivileg zu profitieren, trat eine Reihe von K-Gruppen bei Wahlen an, allerdings mit wenig Erfolg, wie die Tab. 4.1 zeigt, in der die Bundestagswahlergebnisse der K-Gruppen dargestellt werden. Einige außergewöhnliche Wahlergebnisse werden zum Teil in den Kapiteln zu den einzelnen Gruppen aufgeführt.

Tab. 4.1 Wahlergebnisse der K-Gruppen bei Bundestagswahlen in Prozent. (Eigene Darstellung nach Backes und Jesse 1996; Pfahl-Traughber 2015; Bundeswahlleiter 2017)

	1976	1980	1983	1987	1990	1994	1998	2002	2005	2009	2013	2017
KPD/AO	0,1	-	-	-	-	-	-	-	-	-	-	-
KBW	0,1	0,0	-	-	-	-	-	-	-	-	-	-
Volksfront gegen Reaktion, Faschismus und Krieg, für Freiheit und Demokratie, Wohlstand und Frieden (Vorfeldorganisation der KPD/ML)	-	-	0,0	-	-	-	-	-	-	-	-	-
BWK	-	-	0,0	-	-	-	-	-	-	-	-	-
MLPD	-	-	-	0,0	-	0,0	0,0	-	0,1	0,1	0,1	0,1

Während sich die K-Gruppen in ihren ideologischen Grundlagen kaum unterschieden, zeigten ihre realpolitischen Aktivitäten dagegen vereinzelt Differenzen. Michael Steffen unterteilt die marxistisch-leninistischen Organisationen deshalb in drei Gruppen:

- Erstens in „ultralinke" Parteien, wie die KPD/ML und die KPD/AO, die verbalradikal alle Bemühungen um Reformen als „reformistisch" bzw. „ökonomistisch" zurückwiesen und die im Rahmen der sog „Drei-Welten Theorie" der KPCh einen nationalistischen Kurs verfolgten.
- Zweitens in „zentristische" Bünde, wie den KBW und den KB, die realpolitisch pragmatischer orientiert waren und zum Teil radikaldemokratische Forderungen aufstellten.
- Und drittens in „rechte" Bünde, wie den KABD und den AB, die ihren Schwerpunkt auf Betriebspolitik legten und anfangs kaum außerbetriebliche Aktivitäten entwickelten (vgl. Steffen, S. 33 f.).

In dieser Unterteilung der K-Gruppen wird das bolschewistische Vokabular auf sie selbst angewandt. Zur Unterscheidung der einzelnen Fraktionen wird diese Einteilung übernommen.

Gemeinsam war allen K-Gruppen, mit Ausnahme der KPD/ML, ihre Herkunft aus der niedergehenden Studentenbewegung. Es gibt aber bisher keine empirischen Untersuchungen, wie viele Mitglieder der K-Gruppen früher in der Studentenbewegung aktiv waren. Gerd Koenen, ein ehemaliger KBW-Kader, schrieb über die Zusammensetzung der 2. Delegiertenkonferenz des KBW 1975:

> Von den 96 Delegierten der 2. DK Anfang 1975 waren 30 (ich zum Beispiel) vor oder seit 1968 aktiv gewesen, 20 davon im SDS. Das hieß, dass auch im engeren Kaderkreis zwei Drittel erst am Ausgang der APO-Zeit ‚politisiert‘ worden waren (Koenen 2001, S. 423).

Allerdings muss dabei auch die hohe Fluktuation innerhalb der Mitgliedschaft der K-Gruppen berücksichtigt werden. Es ist davon auszugehen, dass Anfang der siebziger Jahre der Anteil der in der Studentenbewegung politisierten Personen innerhalb der K-Gruppen deutlich höher gewesen sein muss. Insgesamt wird davon ausgegangen, dass in den siebziger Jahren zwischen 100.000 und 150.000 Personen den K-Gruppen angehört haben (vgl. Kühn 2005, S. 287 f.).

Diese kurze Darstellung der K-Gruppen sollte die Gemeinsamkeiten und Unterschiede der einzelnen Gruppen erläutern. Im Folgenden sollen dann die Entstehung und die Geschichte der einzelnen K-Gruppen kurz nachgezeichnet werden.

Die erste maoistische Organisation Westdeutschlands gründete sich am 5. März 1965, hochsymbolisch am Jahrestag des Todes von Jossif W. Stalin. Die „Marxistisch-Leninistische Partei Deutschlands" (MLPD) – nicht zu verwechseln mit der 1982 gegründeten MLPD – entfaltete aber bis auf die Herausgabe ihrer Zeitschrift „Sozialistisches Deutschland" keine nennenswerten öffentlichen Aktivitäten und steht überdies im Verdacht, eine Gründung des „Bundesamtes für Verfassungsschutz" gewesen zu sein, gegründet, um die illegale KPD zu spalten (vgl. Jacoby 2017).

## 4.1	Kommunistische Partei Deutschlands/Marxisten-Leninisten

Die zweite Gruppierung, die am 22. April 1967 gegründete „Freie Sozialistische Partei/Marxisten-Leninisten" (FSP/ML), war eine der Vorgängerorganisationen der ersten relevanten K-Gruppe, der KPD/ML (vgl. Bacia 1984). Diese gründete sich, wie bereits erwähnt, am 31. Dezember 1968, dem 50. Jahrestag der Gründung der KPD. Ihr Vorsitzender Ernst Aust veröffentlichte seit Juni 1967 noch als Mitglied der illegalen KPD die Zeitschrift „Roter Morgen" als Organ der maoistischen Opposition innerhalb der verbotenen KPD. Im September/Oktober 1967 gab er allerdings seine Hoffnungen auf eine Änderung der Politik der KPD auf und trat aus der Partei aus. Aus den Lesekreistreffen des „Roten Morgen" heraus wurde seit April 1968 an der Gründung einer neuen kommunistischen Partei gearbeitet, der KPD/ML. Sie bestand anfangs vor allem aus ehemaligen KPD-Mitgliedern. Eine bedeutende Rolle dabei spielte der auch schon in der Weimarer Republik als Kommunist aktive Willi Dickhut, der 1966 wegen der Verteidigung der Politik der KP Chinas aus der KPD ausgeschlossen wurde und der innerhalb der KPD/ML das Theorieorgan „Revolutionärer Weg" herausgab.

Ab 1969 strömten dann verstärkt Schüler und Studierende aus der niedergehenden antiautoritären Bewegung in die Partei, was zu internen Spannungen führte. Eine Gruppe um Willi Dickhut forderte einen Aufnahmestopp für Intellektuelle, da diese *„kleinbürgerliche Auffassungen, [...] die sich später zu liquidatorischem Auftreten entwickelten"* (Zentralkomitee der Marxistisch-Leninistischen Partei Deutschlands 1985, Band 1, S. 74) mitgebracht hätten. Als sie sich mit dieser Forderung nicht durchsetzen konnten, spaltete sich die Partei im April 1970 in die KPD/ML (Zentralkomitee) bzw. KPD/ML [Roter Morgen]) um Ernst Aust und in die KPD/ML (Zentralbüro [ZB] bzw. [Rote Fahne]), der anfangs ein Großteil der Mitglieder folgten. Doch diese Spaltung war erst der Auftakt für weitere Teilungen. So trennte sich der Dickhut-Flügel als KPD/ML (Revolutionärer Weg) schon sehr bald wieder von der KPD/ML-ZB. Diese Spaltungen blieben auch in der Folgezeit nicht die einzigen, und es dauerte bis 1973, bis sich die meisten der verschiedenen Splittergruppen wieder auflösten und Ernst Aust mit seiner KPD/ML wieder die führende Partei dieses Namens war. Mitte der siebziger Jahre brachte es die Partei auf etwa 800 Mitglieder und mehrere hundert Sympathisanten (vgl. Langguth 1983, S. 66). Die KPD/ML war dabei die einzige K-Gruppe, die eine eigene Sektion in der DDR unterhielt, die aber schon nach wenigen Jahren vom „Ministerium für Staatssicherheit" der DDR zerschlagen wurde (vgl. Wunschik 1997).

Inhaltlich ordnet Steffen die KPD/ML den „ultralinken" K-Gruppen zu, die besonders verbalradikal agierten und auch ein besonders „proletarisches" Auftreten kultivierten. Mit der ähnlich strukturierten KPD/AO kam es Mitte der 1970er-Jahre zu intensiven Kontakten mit dem Ziel einer Vereinigung der beiden Parteien, die aber letztendlich scheiterte (vgl. ZK der KPD/ML 1975). Ebenso wie die KPD/AO folgte auch die KPD/ML den ideologischen Vorgaben der chinesischen KP besonders linientreu. Beispielhaft zeigte sich dies an der sogenannten Theorie der Drei-Welten, die innerhalb des marxistisch-leninistischen Milieus zu starken Spannungen führte. Diese Theorie, die 1974 von Deng Hsiao-Ping formuliert wurde, ging davon aus, dass die Supermächte UdSSR und die USA die erste Welt bildeten, wobei die Sowjetunion als die aggressivere politische Macht eingeschätzt wurde; die europäischen Staaten, Japan und Australien bildeten die zweite Welt und die dritte Welt stellten die Länder Afrikas, Asiens und Lateinamerika unter

Führung Chinas. Um gegen die hegemonialen Bestrebungen der ersten Welt vorzugehen, empfahl die KPCh ein Bündnis zwischen zweiter und dritter Welt. Aufgrund der außenpolitischen Interessen der Volksrepublik Chinas richtete sich die „Drei-Welten-Theorie" sehr viel schärfer gegen die Sowjetunion als gegen die USA. In der marxistisch-leninistischen Bewegung Westdeutschlands löste diese theoretische Vorgabe aus dem idealisierten China heftige Auseinandersetzungen aus, die in den folgenden Jahren mit der weitgehenden Abkehr vom chinesischen Vorbild endeten. Als erste deutsche K-Gruppe kritisierte der KB offen die strategische Umorientierung in der Außenpolitik Chinas. Als 1974 im Rahmen der Festlegung der UdSSR als Hauptfeind und der damit verbundenen Annäherung an die USA und die Staaten Westeuropas der von den K-Gruppen besonders verhasste und als Faschist bezeichnete CSU-Vorsitzende Franz-Josef Strauß von der chinesischen Führung empfangen wurde, titelte das Zentralorgan des KB, der „Arbeiterkampf": „Strauß in China: Zum Kotzen!" (Redaktion Arbeiterkampf 1975, S. 1).

Doch die anderen K-Gruppen folgten zuerst den Positionen der KPCh. Besonders die KPD/ML und die KPD/AO propagierten die chinesischen Vorgaben vorbehaltlos. Eingeleitet wurde diese Phase im Frühjahr 1975 durch die so genannte „Kieler Rede" des KPD/ML-Vorsitzenden Ernst Aust. In dieser formulierte er, wie die theoretischen Vorgaben der „Drei-Welten-Theorie" aus China auf die deutschen Verhältnisse übertragen werden sollten. Erst gab er die Grundlagen der chinesischen Einschätzung wieder, nach der die beiden Großmächte USA und UdSSR die Hauptfeinde der Völker seien und die Sowjetunion als aufstrebende imperialistische Macht die aggressivere darstelle. Aust ging dabei sogar so weit, dass er die UdSSR mit dem nationalsozialistischen Deutschland verglich:

> Die Sowjetunion von heute ist eine Diktatur nach der Art Hitlers, die ihren staatsmonopolistischen Herrschaftsapparat auf die völlige Militarisierung und Kriegsvorbereitung abgestellt hat (Aust 1975, S. 3).

Diese sowjetische Militärstrategie führe nach Ernst Aust dazu, dass Westeuropa zum nächsten Schlachtfeld der russischen Expansion werde und die Bundesrepublik deren erstes Opfer. Nach einer kurzen Übersicht über die leninistische Konzeption von gerechten und ungerechten Kriegen, konstatierte er, dass der Widerstand gegen eine sowjetische Invasion Westdeutschlands ein gerechter Verteidigungskrieg sei.

> [...] jeder Krieg zwischen den zwei Supermächten, sollte er ausbrechen und die Bundesrepublik in ihn hineingezogen, wäre für uns deutsche Werktätige von Anfang an ein antifaschistischer, antiimperialistischer Befreiungskampf, in dem wir uns mit jedem verbünden, der bereit ist, mit uns gemeinsam jeden Angreifer, jeden Besatzer vom Boden unserer Heimat zu verjagen [...] (Aust 1975, S. 4).

Auf die möglichen Einwände, dass die KPD/ML sich in diesem Kampf auch mit nationalistischen Gruppen verbünden müsse, die die beiden Großmächte ebenfalls ablehnten, antwortete Ernst Aust in seinem Referat mit einem eingeschränkten Ja. Es gelte, in Europa eine breite Einheitsfront unter der Führung der Kommunistischen Partei zu schmieden, die.

> alle Klassen, Schichten, Parteien, Organisationen und Individuen zusammenschließt, die im Widerspruch zu den beiden Supermächten stehen, im Widerspruch zur Monopolbourgeoisie und anderen reaktionären Kräften, die die Interessen der Nation verraten (Aust 1975, S. 6).

Den Hauptwiderspruch in der aktuellen weltpolitischen Situation sah der Vorsitzende der KPD/ML also nicht mehr im Klassenantagonismus, sondern im Gegensatz zwischen den Großmächten auf der einen Seite und den Völkern der restlichen Welt auf der anderen Seite. So war nun folglich nicht mehr die Arbeiterklasse in der Bundesrepublik der Adressat der Partei, sondern das deutsche Volk. Ernst Aust bestätigte in dieser Rede den Vorwurf, den linke Kritiker dem Maoismus wiederholt gemacht hatten, nämlich nicht mehr von der Kategorie des Proletariats als revolutionärem Subjekt auszugehen, sondern vom Volk (vgl. Martin und Gantzer 1974).

Da die Führung im weltweiten Kampf gegen die Großmächte nach Meinung der KPD/ML in der Regierung der Volksrepublik China liege, dürfe deren politisches Vorgehen deshalb nicht kritisiert werden. Artikel wie der über den Strauß-Besuch in China im „Arbeiterkampf" des KB wurden deshalb als „Revisionismus" zurückgewiesen. Stattdessen wurde die chinesische Außenpolitik bedingungslos verteidigt.

> Jawohl, es war richtig und wir begrüßen es, dass der Genosse Mao Tsetung den CSU-Vorsitzenden Strauß empfangen hat! Denn im Gegensatz zu den anderen Herren, die Peking besuchten, im Gegensatz zu den Exponenten der SPD/FDP, hat Strauß in China klipp und klar sich gegen das Vormachtstreben der zwei Supermächte, besonders gegen den sowjetischen Sozialimperialismus gewandt, ist er gegen die Entspannungsdemagogie und für eine Stärkung der Verteidigungsbereitschaft der westeuropäischen Staaten gegen den Sowjetimperialismus eingetreten (Aust 1975, S. 6).

Dank der chinesischen „Drei-Welten-Theorie" fand sich die KPD/ML nun unversehens an der Seite des rechten Flügels der CDU/CSU wieder und propagierte eine Politik der Stärke gegenüber dem Ostblock. Dies wurde auch von der KPD/AO unterstützt, die neben der KPD/ML die zweite K-Gruppe war, die die Vorgaben aus China vorbehaltlos umsetzte. Es lässt sich also in Analogie zur Position der

DKP zur SED bzw. KPdSU sagen, dass diese beiden Parteien als außenpolitisches Anhängsel der KPCh zu bezeichnen waren. Die restlichen K-Gruppen bezogen in Sachen „Drei-Welten-Theorie" entweder nicht eindeutig Stellung oder benötigten einen längeren Zeitraum, um die Politik der auch von ihnen als Vorbild angesehenen KP Chinas zu kritisieren.

Die durch die „Drei-Welten-Theorie" erfolgte Annäherung zwischen der KPD/AO und der KPD/ML endete jedoch 1977 abrupt, da die KPD/ML nun einen erneuten Kurswechsel einleitete. Nach dem Tode Maos und den darauf einsetzenden Entwicklungen in China distanzierte sich die Partei nun von der „Drei-Welten-Theorie" und wendete sich von China ab und stattdessen Albanien zu. Die Entwicklungen in China wurden nun ähnlich negativ beurteilt, wie in der Sowjetunion nach dem Tode Stalins. Für die KPD/ML war von nun an nur noch in Albanien der Sozialismus verwirklicht. Nachdem sich die KPD/AO 1980 auflöste, übernahm die KPD/ML das nun wieder frei werdende Kürzel „KPD". In den folgenden Jahren begann allerdings innerhalb dieser bisher besonders kompromisslos agierenden Partei ein gewisser Entdogmatisierungsprozess, der 1986 zur Fusion mit der trotzkistischen „Gruppe Internationaler Marxisten" (GIM) zur „Vereinigten Sozialistischen Partei" (VSP) führte.

Dieser sehr ungewöhnliche Vereinigungsprozess (normalerweise sind trotzkistische und stalinistische Gruppierungen verfeindet) führte aber sowohl auf der Seite der KPD/ML, als auch auf der Seite der GIM zu Abspaltungen von Kritikern des Zusammenschlusses. Die KPD/ML-Abspaltung wird sich ihrerseits in den folgenden Jahren durch zahlreiche weitere Fraktionierungen in die völlige Bedeutungslosigkeit begeben. Der VSP gelang die anvisierte Vereinigung größerer Teile der Linken in Deutschland nicht und sie musste in den Folgejahren mit einem stetigen Einflussverlust kämpfen, der nach diversen Umbenennungen in den 1990er zur Auflösung der Gruppierung führte. Eine der Nebengruppen der KPD/ML, die 1975 gegründete „Rote Hilfe", die sich allerdings in der 1980er-Jahren von der Partei gelöst hatte, ist heute noch eine der zahlenmäßig größten Gruppen der radikalen Linken in Deutschland.

4.2   Kommunistischer Arbeiterbund Deutschlands und Marxistisch-Leninistische Partei Deutschlands

Eng verbunden mit der Geschichte der KPD/ML ist die Entwicklung des „Kommunistischen Arbeiterbundes Deutschlands" (KABD) und der 1982 aus ihm hervorgegangenen „Marxistisch-Leninistischen Partei Deutschlands" (MLPD).

Dies liegt daran, dass der KABD im August 1972 aus einer Vereinigung der KPD/ML-Abspaltung KPD/ML (Revolutionärer Weg) und des „Kommunistischen Arbeiterbundes/Marxisten-Leninisten" (KAB/ML) entstand. Der KAB/ML wiederum entstand aus bedeutenden Teilen der Tübinger Studentenbewegung, vor allem aus den lokalen Basisgruppen, die die Zeitschrift „Roter Pfeil" herausgaben.

Aus dem KABD, der anfangs nur in Südwestdeutschland Verbreitung fand, ging wiederum im Juni 1982 die heute noch existierende MLPD hervor. Mit diesem Schritt konnten die für den KABD in den siebziger Jahren typischen Spaltungen und internen Parteisäuberungen zunächst überwunden werden und die Mitgliedschaft von einigen hundert in den siebziger Jahren auf über zweitausend Personen in den 2000er-Jahren gesteigert werden (vgl. Moreau und Lang 1996, S. 294). Anders als der KABD beteiligte sich die MLPD mehrfach an Wahlen. Bei der vorgezogenen Bundestagswahl 2005 gelang es ihr sogar, mit 45.238 Stimmen (0,1 %) den Höchstwert der KPD/AO aus dem Jahr 1976 zu übertreffen. Außerdem errang sie bei der Kommunalwahl 2004 in Sachsen-Anhalt ein Mandat für den Stadtrat in Wolfen. Zusätzlich gelangten über diverse Tarnlisten, die auf den ersten Blick als MLPD-unabhängige Bürgerinitiativen erscheinen, eine Reihe von Mitgliedern der MLPD in kommunale Vertretungen. Damit war die MLPD die zweite K-Gruppe, die nach dem KBW 1975 Mandate gewinnen konnte.

Eine bedeutende Rolle in der Partei spielte der 1992 verstorbene Altkommunist Willi Dickhut, der das Theorieorgan „Revolutionärer Weg" und zahlreiche Bücher herausgab und damit die inhaltliche Ausrichtung der KABD/MLPD maßgeblich beeinflusste. Mit seinem Werk „Die Restauration des Kapitalismus in der Sowjetunion" begründete er inhaltlich die Revisionismuskritik der Partei (vgl. Dickhut 1988). Innerhalb der MLPD wird Dickhut kultisch verehrt. So wurde eine „Willi Dickhut Stiftung" gegründet, die in Gelsenkirchen ein Willi-Dickhut-Museum betreibt.

Seit der Konstitution der MLPD als Partei 1982 führte Stefan Engel als Parteivorsitzender die Organisation. Erst 2017 wurde er von Gabi Fechtner abgelöst. Auf Betreiben der MLPD wurde 2010 die „Internationale Koordinierung revolutionärer Parteien und Organisationen" (ICOR) gegründet, der fast 50 Gruppierungen aus mehr als 30 Ländern angehören. Die größte Anhängerschaft erreichte die Partei, untypisch für die K-Gruppen, erst in den 2000er-Jahren mit bis zu 2300 Mitgliedern. Vor allem bei den Protesten gegen die Agenda 2010 der rotgrünen Bundesregierung konnte die MLPD einigen Einfluss gewinnen. Das Vorgehen der Partei stieß innerhalb der Protestbewegung aber auf scharfe Kritik. Die MLPD agiert insgesamt sehr abgeschlossen, es kommt immer wieder zu Parteisäuberungen und Mitgliederausschlüssen, da man sich von Feinden, Agenten und Verrätern umgeben sieht (vgl. Zentralkomitee der Marxistisch-Leninistischen

Partei Deutschlands (MLPD) 1985). Während der KABD bzw. die MLPD lange Zeit ihre Aktivitäten fast ausschließlich auf die Betriebsarbeit und klassische K-Gruppen-Themen, wie den „proletarischen Internationalismus" ausrichteten und die Aktivitäten etwa der „Neuen Sozialen Bewegungen" als kleinbürgerlich ablehnten, kam es auf dem IX-Parteitag 2012 zu einer bedeutenden Wende, bei der die Umweltpolitik als zweitwichtigste Kampflinie bestimmt wurde. Durch ihre aufwendigen Wahlkampfaktivitäten und ihre offensive Beteiligung an verschiedenen Protestbewegungen erreicht die Partei ein Mindestmaß an Aufmerksamkeit, dies reicht aber nicht aus, um ihre gesellschaftliche Isolierung, selbst innerhalb der Linken zu überwinden. Sie ist zwar heute nach der DKP die größte orthodoxe kommunistische Partei in Deutschland, aber trotz alledem ohne größeren gesellschaftlichen Einfluss.

4.3　Kommunistische Partei Deutschlands/ Aufbauorganisation

Die „Kommunistische Partei Deutschlands/Aufbauorganisation" (KPD/AO), die sich im März 1970 gründete, war ein genuines Produkt der Berliner 68er-Bewegung (vgl. Bacia 1984, S. 1810–1830). Sie gründete sich aus den aus der zerfallenden Studentenbewegung entstandenen Roten Zellen und der Basisgruppenbewegung. Eine wichtige Rolle bei der Herausbildung der Partei spielte die „Rote Pressekorrespondenz der Studenten-, Schüler- und Arbeiterbewegung", in der die marxistisch-leninistische Bewegung in Berlin über die weitere Strategie diskutierte. Einigkeit herrschte in den Diskussionen darüber, dass die „kleinbürgerliche" Theorie der Studentenbewegung überwunden und die Kommunistische Partei nach dem Vorbild der KPD in der Weimarer Republik wiederaufgebaut werden müsse. Dass eine Kritik der antiautoritären Studentenbewegung schon aus persönlichen Gründen notwendig war, lässt sich unter anderem daran festmachen, dass die Parteiführung aus ehemaligen SDS-Funktionären wie Christian Semmler oder Jürgen Horlemann bestand. Folgerichtig wurde in der „Vorläufigen Plattform der Aufbauorganisation für die Kommunistische Partei Deutschlands" auch festgestellt:

> Ohne gründliche Kritik der Studentenbewegung und ohne Selbstkritik derjenigen Genossen, die jetzt den Aufbau einer politischen Plattform in Angriff nehmen, ist es unmöglich, über das Programm, die nächsten Aufgaben und die organisatorischen Prinzipien in der Phase des Aufbaus der KPD-Aufbauorganisation Einheit herzustellen (Kommunistische Partei Deutschlands/Aufbauorganisation 1970, S. 1).

Und obwohl in derselben Plattform formuliert wurde, dass zum gegenwärtigen Zeitpunkt noch keine Organisation den Anspruch erheben könne, sich KPD zu nennen, da das Prinzip der organisierten Klassenanalyse und die Verankerung der künftigen Partei in den Massen erst am Anfang stehe (vgl. Kommunistische Partei Deutschlands/Aufbauorganisation 1970, S. 2.), legte die KPD/AO im Juli 1971 die Bezeichnung Aufbauorganisation ab und nannte sich fortan nur noch KPD. Inhaltlich unterschied die KPD/AO wenig von den anderen K-Gruppen. Auffällig war ihre starke Orientierung an der KPD der Weimarer Republik unter dem Vorsitz Ernst Thälmanns und ihre bis 1979 bedingungslose Gefolgschaft gegenüber der Politik der KPCh. Die KPD/AO verfügte zwar nur über einige hundert Mitglieder, aber da sie das Kaderprinzip besonders strikt auslegte, war es für die mehreren tausend Sympathisanten, die in verschiedenen Vorfeldorganisationen organisiert waren, sehr schwer, in die Partei aufgenommen zu werden. Entgegen ihrer verbal bekundeten Orientierung an der Arbeiterklasse war es vor allem ihre Studentenorganisation, der „Kommunistische Studentenverband" (KSV), der der KPD/AO Mitglieder zuführte. Daneben war auch ihre, ebenfalls studentisch geprägte, Vorfeldorganisation „Liga gegen den Imperialismus" eine bedeutende Quelle zur Rekrutierung von Parteikadern.

Die KPD/AO erreichte mit 22.714 Stimmen (0,1 %) 1976 das beste Ergebnis, das eine K-Gruppe bei einer Bundestagswahl bis 2005 erzielen konnte. Bei der Landtagswahl in Westberlin schaffte sie den Höchstwert der K-Gruppen mit 0,7 % der Stimmen 1975.

Steffen ordnet die KPD/AO, wie die KPD/ML auch, den „ultralinken" K-Gruppen zu (vgl. Steffen, S. 33 f.). Nach dem Vorbild der „ultralinken" Phase der KPD in der Weimarer Republik versuchte auch die KPD/AO zeitweilig eine eigenständige „Revolutionäre Gewerkschaftopposition" (RGO) aufzubauen. Nach wenigen Jahren stellte sie diesen Versuch aber als gescheitert wieder ein. Auch folgte KPD/AO strikt den Vorgaben der KPCh und vertrat die „Drei-Welten -Theorie". Dies hatte Folgen für ihre Programmatik. Denn sowohl für die KPD/AO als auch für die KPD/ML ergab sich aus der „Drei-Welten-Theorie" ein grundlegender Positionswechsel in ihrem Verhältnis zur Bundeswehr. Während beide Parteien bisher eine antimilitaristische Zersetzungspolitik in der Armee betrieben hatten, forderten sie nun zur Stärkung der Bundeswehr auf.

> Nicht Wehrlosmachung, sondern Wehrertüchtigung für die gerechte Sache der Unabhängigkeit gegen die beiden Supermächte ist also unsere Aufgabe. Wenn Wehrkundeunterricht in den Schulen gegeben wird, wenn Schüler Kasernen besuchen usw., dann ist das eben nicht an sich schlecht und zu bekämpfen, wie es früher richtig schien (Redaktion Rote Fahne 1975, S.7).

Beide Parteien kritisierten sogar, dass die sozialliberale Regierung die Bundeswehr gegenüber dem Ostblock schwächen würde und damit die Bundesrepublik wehrlos dem „Sozialimperialismus" ausliefern würde. Die gleiche Kritik traf natürlich auch andere linken Gruppen die an einer antimilitaristischen Position festhielten, besonders die Moskau-orientierten Organisationen:

> Es kommt nicht von ungefähr, dass es gerade die Revisionisten in der BRD und Westberlin sind, die diesen Pazifismus mit aller Kraft schüren. Nie zuvor hat die westdeutsche Kriegsdienstverweigererorganisation so viel pazifistisches Gift unter die Massen gestreut, wie jetzt, wo es den Revisionisten gelungen ist, den Vorstand der vereinigten Organisation DFG/VK an sich zu reißen (Redaktion Rote Fahne 1975, S.7).

Mit der Wortwahl vom „pazifistischen Gift" bedienten sich die K-Gruppen hier einmal mehr aus dem sprachlichen Repertoire der faschistischen Rechten.

Ende der Siebziger Jahre geriet die KPD/AO, wie die gesamte K-Gruppen-Bewegung, in die Krise. Die „Neuen Sozialen Bewegungen" entwickelten mit ihren erfolgreichen Protesten gegen die Atomenergie, gegen die Stationierung von Atomraketen und den Wohnungsleerstand eine größere gesellschaftliche Anziehungskraft als die marxistisch-leninistischen Parteien und Bünde. Folgerichtig verloren sie auch zahlreiche Mitglieder an die neuen Bewegungen. Der Versuch die neuen Gruppierungen wie die „Alternative Liste" und ähnliche zu unterwandern scheiterte ebenfalls recht schnell und so löste sich die Partei 1980 auf und viele ehemalige Mitglieder verblieben in der Partei der „Grünen", die auch aus den alternativen Listen entstanden war.

4.4   Kommunistischer Bund Westdeutschlands

Der „Kommunistische Bund Westdeutschlands" (KBW) war ebenso wie die KPD/AO ein genuines Produkt der Studentenbewegung (vgl. Bacia 1984, S. 1648–1662). Er wurde vom 8. bis zum 12. Juni 1973 auf einer Gründungskonferenz in Bremen ins Leben gerufen. Vorangegangen war diesem Gründungsakt eine mehrjährige Diskussionsphase zwischen verschiedenen kommunistischen Zirkeln, bis sich schließlich sechs von ihnen zum KBW zusammenschlossen und einige weitere diesem Vorbild im Laufe der Zeit folgten. Die führende Rolle bei diesem Prozess spielten die aus dem Heidelberger SDS entstandene „Kommunistische Gruppe" (Neues Rotes Forum) Mannheim/Heidelberg und der „Kommunistische Bund Bremen" (KBB). Die Konstitution des KBW unterschied sich von der Entstehung der anderen K-Gruppen durch die lange, relativ offene und kontroverse Diskussionsphase, die vor allem in dem Organ der „Kommunistischen Gruppe" aus Mannheim/Heidelberg, dem „Neuen Roten Forum", geführt wurde. Darin wurde sich auch ausführlich mit den Theorien der Studentenbewegung auseinandergesetzt; schließlich kamen die verschiedenen Gruppen alle aus der antiautoritären Bewegung (vgl. Benicke 2010, S. 99 ff.). Dies lässt sich beispielhaft an der Person des Ersten Sekretärs des Zentralkomitees des KBW, dem ehemaligen SDS-Bundesvorstandsmitglieds, Joscha Schmierer, festmachen. Nach der relativ offenen Anfangsphase setzte allerdings auch im KBW eine politische Dogmatisierung ein.

Der KBW verstand sich trotz mehrfacher Wahlteilnahmen, bei denen er als bestes Ergebnis 0,6 % bei der Landtagswahl 1975 in Bremen erreichte, nicht als Partei, sondern machte zur Voraussetzung des Parteiaufbaus die Vereinigung aller wesentlichen kommunistischen Kräfte in der Bundesrepublik. Diese Arbeit wollte der KBW leisten. Tatsächlich war der KBW, dem Mitte der siebziger Jahre an die 3000 Mitglieder angehörten, die mitgliederstärkste K-Gruppe (vgl. Langguth 1983, S. 91). Dennoch musste die Organisation das Scheitern des Versuchs der Proletarisierung ihrer Mitgliedschaft eingestehen, denn die meisten Anhänger waren auch weiterhin Studierende und Schüler. Allerdings gelang es dem KBW als erster K-Gruppe für lange Zeit, ein politisches Mandat zu erringen. 1975 zog das ZK-Mitglied der Organisation, Helga Rosenbaum, in den Stadtrat von Heidelberg ein, aus dem sie allerdings schon ein Jahr später wieder ausgeschlossen wurde.

Da der KBW ideologisch nicht ganz so dogmatisch wie die ultralinken K-Gruppen auftrat, aber auf der anderen Seite auch nicht nur auf die Betriebsarbeit, wie die rechten Bünde, konzentriert war, gelang es ihm teilweise in Protestbewegungen einen gewissen Einfluss zu erringen. Beispiele hierfür waren etwa Proteste gegen Fahrpreiserhöhungen im öffentlichen Personennahverkehr, aber etwa auch im Rahmen der Frauenbewegung (vgl. Kasper 2013). Eine wichtige Rolle in den Aktivitäten des Bundes spielte die internationale Solidarität mit den Befreiungsbewegungen der so genannten Dritten Welt. Die Fähigkeit des KBW, bedeutende Finanzmittel aus seiner Anhängerschaft zu akquirieren, was auch dem Organisationsaufbau zugutekam, wurde auf diesem Feld zur finanziellen Unterstützung der Befreiungsbewegungen genutzt. Dabei wurde die „Demokratische Front zur Befreiung Palästinas" (DFLP) ebenso unterstützt wie die Roten Khmer in Kambodscha oder die „Zimbabwe African National Union" (ZANU) von Robert Mugabe in Simbabwe. Ein Engagement, das zahlreichen ehemaligen KBW-Anhängern, die heute überwiegend in der grünen Partei politisch aktiv sind, später sehr peinlich war.

Ende der Siebziger Jahre näherte sich der KBW den „Neuen Sozialen Bewegungen" an, dies führte jedoch 1980 zur Abspaltung des „Bundes Westdeutscher Kommunisten" (BWK) vom KBW, der an einer orthodoxen marxistisch-leninistischen Orientierung festhalten wollte. 1983 löste sich der KBW schließlich auf, kurzzeitig bestand noch eine „Gruppe Demokratie und Sozialismus" weiter, die sich aber ebenfalls schnell wieder auflöste. Zahlreiche ehemalige Mitglieder machten anschließend Karriere bei den Grünen. Der BWK ging schließlich in der „Partei des demokratischen Sozialismus" (PDS) auf.

4.5 Kommunistischer Bund

Der „Kommunistische Bund" (KB) entstand im November 1971 aus dem Zusammenschluss zweier Hamburger Gruppen; dem „Kommunistischen Arbeiterbund" (KAB) und dem „Sozialistischen Arbeiter- und Lehrlingszentrum" (SALZ) (vgl. Steffen 2002). Dieser Fusion schlossen sich schnell weitere kommunistische Bünde, vor allem aus Norddeutschland, an. Hamburg blieb auch nach der Gründung das Zentrum des KB. Der KB sah sich ähnlich wie der KBW als eine Vorform zum notwendigen Wiederaufbau der kommunistischen Partei. Den höchsten Mitgliederstand erreichte die Organisation 1977 mit etwa 1700 Aktiven, davon allein 900 in Hamburg (vgl. Langguth 1983, S. 118). Dort konnte der Bund auch die größten Erfolge seiner Aktivitäten verbuchen, etwa gelang es ihm dort in einigen Unternehmen aktionsfähige Betriebsgruppen aufzubauen und zum Teil auch Betriebsräte zu stellen.

Von den anderen K-Gruppen unterschied sich der KB vor allem dadurch, dass er den Marxismus-Leninismus nicht ganz so dogmatisch vertrat.

Der KB vertrat maoistische Positionen, kritisierte gleichwohl aber auch des öfteren die chinesische Außenpolitik und warf der chinesischen Führung nach Mao Tse-tung ‚Revisionismus' vor. Der KB war trotz seines Bekenntnisses zum Marxismus-Leninismus nicht so dogmatisch wie z.B. die KPD/ML oder die KPD und verstand es besser, flexibel auf aktuelle politische Fragen und Ereignisse zu reagieren. Er war auch frühzeitig der Ökologie-Bewegung aufgeschlossen und versuchte vor allem im Zusammenhang mit den Auseinandersetzungen in Brokdorf Einfluss zu gewinnen (Ebenda, S. 114).

Diese relative Offenheit gegenüber den „Neuen Sozialen Bewegungen" führte den KB allerdings auch in interne Auseinandersetzungen. Denn als aus diesen Bewegungen heraus die Partei der „Grünen" gegründet wurde, spaltete sich an der Frage des Verhältnisses zu dieser neuen Partei die so genannte „Zentrumsfraktion" oder „Gruppe Z" vom KB ab. Nach einer kurzen Übergangszeit traten die meisten Mitglieder der „Gruppe Z" den Grünen bei und stiegen dort zum Teil bis in die höchsten Parteiämter auf, wie die Beispiele Thomas Ebermann oder Rainer Trampert bewiesen. Zu dieser Zeit, in der auch innerhalb des KB die Themen der „Neuen Sozialen Bewegungen" dominierten, setzte im Bund ein langsamer Niedergang ein, der Ende der achtziger Jahre zu einer erneuten Spaltung in KB-Mehrheit und KB-Minderheit führte. Ein Grund für die Spaltung war ein in der Organisation schon länger schwelender Streit über die Palästina-Solidarität vor dem Hintergrund der deutschen Geschichte und damit zusammenhängend über linken Antisemitismus. Aus der KB-Minderheit entstand schließlich die Zeitschrift „Bahamas", die zu den wichtigsten Akteuren einer israelsolidarischen und sich selbst als antideutsch verstehenden Fraktion der radikalen Linken wurde.

Die theoretische Spezifik des KB war ihre Faschisierungsthese. Diese.

[...] entwickelte sich zum wichtigsten ‚ideologischen Kristallisationspunkt' nach innen und diente nach außen als Markenzeichen und bedeutendes Unterscheidungsmerkmal zu anderen Gruppen der radikalen Linken. Sie stand im Zentrum der konzeptionellem Grundausrichtung des KB und fungierte quasi als dessen informelles Programm, so dass anfangs weder ihre immanente Logik noch ihr Wahrheitsgehalt zur Debatte standen (Ebenda, S. 96).

Die Faschisierungsthese stand im scharfen Gegensatz zu den Positionen der anderen K-Gruppen. Im Gegensatz zu diesen ging der KB nicht davon aus, dass es im Rahmen der erwarteten krisenhaften Zuspitzung zu einer zunehmenden revolutionären Dynamik innerhalb der Bevölkerung käme, sondern er befürchtete eine gesellschaftliche Rechtsentwicklung. Deshalb beobachtete der KB Gesetzesverschärfung im Bereich der Inneren Sicherheit, aber auch die Aktivitäten der extremen Rechten sehr genau.

Auch die Einschätzung des KB über die Rolle der Sowjetunion unterschied sich zu der der anderen ML-Gruppen. Während vor allem die ultralinken Parteien in der Sowjetunion den Hauptfeind im internationalen Staatensystem sahen, lehnte der KB eine solche Sichtweise ab. Obwohl auch er ursprünglich die chinesische Charakterisierung der Sowjetunion als revisionistischen und kapitalistischen Staat übernommen hatte, vertrat er nie die „Drei-Welten-Theorie" und agierte im Laufe der Zeit realpolitisch flexibler.

All diese Differenzen zu den anderen marxistisch-leninistischen Organisationen lassen den Schluss zu, dass es sich beim KB um die undogmatischste K-Gruppe handelte, die spätestens seit ihrer Öffnung zu den „Neuen Sozialen Bewegungen" in den 80er-Jahren auch nicht mehr als klassische K-Gruppe gezählt werden kann.

4.6   Arbeiterbund zum Wiederaufbau der KPD

Der „Arbeiterbund zum Wiederaufbau der KPD" (AB) war eine ursprünglich auf Süddeutschland begrenzte K-Gruppe, die sich im Mai 1973 aus den „Arbeiter-Basis-Gruppen" (ABG) konstituierte (vgl. Langguth 1983, S. 108 ff.). Die ABG wiederum entstanden aus der antiautoritären Münchner Rote-Zellen-Bewegung, denen sich dann weitere lokale kommunistische Zirkel anschlossen. Der heute noch existente AB stützte sich anfangs fast vollständig auf die Betriebsarbeit und gebärdete sich, selbst im Verhältnis zu anderen K-Gruppen, besonders „proletarisch". So konnten Intellektuelle nur dann in die Organisation aufgenommen werden, wenn sie zwei Bürgen aus der Arbeiterklasse vorweisen konnten (vgl. Langguth 1983, S. 109). Auch das öffentliche Auftreten des Bundes war durch die Verwendung klassischer Agit-Prop-Elemente aus der Zeit der Weimarer Republik geprägt, etwa mit Schalmeienkapellen, die historische Arbeiterlieder spielten. Nachdem sich aber kein größerer Erfolg in der Betriebsarbeit einstellen wollte, veränderte der AB seine Taktik und versuchte über scheinbar von ihm unabhängige Gruppierungen neue Mitglieder zu gewinnen. Dabei konzentrierte er sich vornehmlich auf Proteste gegen den bayrischen Ministerpräsidenten und Unions-Kanzlerkandidaten Franz-Josef Strauß und gründete zahlreiche „Anti-Strauß-Komitees". Auch mit dem Agit-Prop-Spektakel „Anachronistischer Zug" gelang es dem AB Aufmerksamkeit zu erzielen und einige Prominente wie die Tochter von Berthold Brecht, Hanne Hiob, oder den Schriftsteller Günther Wallraff zur Mitarbeit zu gewinnen. 1997 spaltete sich der AB in zwei Flügel, wobei die Fraktion um das ehemalige Zentralorgan, die „Gruppe Kommunistische Arbeiterzeitung", sich in der Form von Doppelmitgliedschaften der DKP anschloss. Zusammenfassend betrachtet entwickelte der AB im Vergleich zu den anderen K-Gruppen am wenigsten Relevanz, seine Mitgliedschaft überstieg kaum mehr als 300 Personen. Auch beteiligte sich der AB nicht an Wahlen.

Inhaltlich löste der AB durch seinen „teilweise schwülstigen Nationalismus" (Langguth 1983, S. 111) Debatten innerhalb der K-Gruppen aus. So findet sich etwa in der in Schwarz-Rot-Gold gehaltenen „Programmerklärung zur friedlichen Wiedervereinigung Deutschlands" mit dem Titel „Damit Deutschland den Deutschen gehört!" die folgende Passage:

> Es ist an der Zeit, dass sich die friedliebenden und wirklich national gesinnten Menschen über die Schranken von Weltanschauung, Religion und Herkunft hinweg zusammenfinden (Arbeiterbund für den Wiederaufbau der KPD 1974, S. 15).

Diese und einige weitere ähnliche Stellen in der Programmerklärung verwundern auf den ersten Blick, wenn man bedenkt, dass es sich beim AB um eine sich kommunistisch verstehende Organisation handelt. Klassenzugehörigkeit und Bekenntnis zu den Ideen der Arbeiterbewegung waren auf einmal nicht mehr von Belang, wenn man nur friedliebend und national gesonnen war. Dies führte selbst innerhalb der oftmals auch nationalistisch argumentierenden K-Gruppen zu Kritik (vgl. Benicke 2010b).

Heute haben sich die Positionen des Arbeiterbundes gewandelt und er legt einen seiner inhaltlichen Schwerpunkte auf die Kritik des deutschen Imperialismus und verurteilt Antiamerikanismus, Antisemitismus und Antizionismus (vgl. Arbeitsgruppe „Gegen Antisemitismus" 2002).

Die K-Gruppen – ein Phänomen der 1970er

Die K-Gruppen sind eine Erscheinung der 1970er-Jahre in der Bundesrepublik. Paradigmatisch dafür steht die KPD/AO, die sich 1970 gründete und bereits 1980 wieder auflöste. An der KPD/AO lassen sich die Merkmale der K-Gruppen exemplarisch darstellen. Sie war so etwas wie die idealtypische K-Gruppe. Gegründet aus dem Zentrum der antiautoritären Studierendenbewegung heraus, ihre Gründer waren langjährige Aktivisten aus dem antiautoritären Berliner SDS, entstand die Partei aus dem Diskussionsprozess innerhalb der Bewegung, die auf ihrem Höhepunkt an eine Grenze gestoßen war. Diese Grenze war einerseits durch Niederlagen definiert, etwa dem Scheitern der Antinotstandskampagne oder der fehlenden Resonanz aus der Arbeiterklasse, andererseits aber auch dem Erfolg geschuldet, den die Bewegung innerhalb der Jugend hatte. Die 68er konnten ihre Ziele nicht erreichen, aber ihre Ideen und Methoden breiteten sich von den kleinen Zirkeln der „Neuen Linken" zu einer breiten Jugendbewegung aus. Dies erforderte ein neues Vorgehen. Auf der Suche nach diesem neuen Weg entdeckten Teile der Aktivisten den Maoismus und die kommunistische Bewegung der 1920er-Jahre. Diese Vorbilder sollten von nun an Anleitung sein für einen erfolgreichen Kampf in der Bundesrepublik. Die KPD/AO entwickelte sich so nach einem kurzen Diskussions- und Organisationsprozess zu einer marxistisch-leninistischen Kaderpartei. Sie setzte die ideologischen Vorgaben der KPCh besonders eifrig um und inszenierte sich als die KPD der Weimarer Republik. Fast alle charakteristischen Elemente der antiautoritären Bewegung wurden von ihr in das Gegenteil gewendet. Die langen Haare wurden, abgeschnitten Popmusik und Marihuana als bürgerlich abgelehnt, die antiautoritären Verkehrsformen in straffe Hierarchien überführt und die Mitglieder und Sympathisanten in nie enden wollenden Kampagnen verschlissen. Die K-Gruppen wurden so zu einem „Anti-68". Spätestens mit dem Aufkommen und dem schnellen Erfolg der

© Springer Fachmedien Wiesbaden GmbH, ein Teil von Springer Nature 2019
J. Benicke, *Die K-Gruppen*, essentials,
https://doi.org/10.1007/978-3-658-24769-0_5

„Neuen Sozialen Bewegungen" gerieten sie aber in die Krise und Mitte der Achtziger Jahre waren die K-Gruppen entweder schon wieder aufgelöst, hatten sich von ihren Ursprüngen abgewandt oder waren zu bedeutungslosen Polit-Sekten herabgesunken.

Heute ist von den „klassischen" K-Gruppen als einzige relevante Organisationen nur noch die MLPD und mit Abstrichen der „Arbeiterbund für den Wiederaufbau der KPD" übrig geblieben. Diese sind aber selbst innerhalb der linken Szene isoliert und agieren meist abgeschottet innerhalb ihrer eigenen Parteizirkel. Ebenfalls abgeschottet von der Mehrheitsgesellschaft existieren mehrere ursprünglich aus der Türkei stammende marxistisch-leninistischen Organisationen, die sich sowohl von ihrer Geschichte als auch von ihrer Ideologie als K-Gruppen charakterisieren lassen. Dazu gehören etwa die „Kommunistische Partei der Türkei/ Marxisten-Leninisten" (TKP/ML), die „Marxistisch-Leninistische Kommunistische Partei" (MLKP) oder die „Revolutionäre Volksbefreiungspartei-Front" (DHKP-C). Diese Gruppierungen verweisen mit ihrer sehr ähnlich verlaufenden Geschichte und den ideologischen Gemeinsamkeiten darauf, dass es sich bei den K-Gruppen zwar um ein in dieser Form deutsches Phänomen handelt, dass es aber im Zusammenhang mit der globalen Revolte von 1968 in vielen Ländern zur Herausbildung maoistischer Gruppen kam.

Seit einigen Jahren ist das Phänomen einer neuen Generation sehr offen militant auftretender Gruppen zu beobachten, die zum Teil jugendlich-subkulturelle Ausdrucksmittel benutzen, aber auch Stilelemente der autonomen Bewegung. Ideologisch hängen diese aber verschiedenen Strömungen des Marxismus-Leninismus an und beziehen sich zum Teil auf die „Kommunistische Partei Perus – auf dem Leuchtenden Pfad José Carlos Mariáteguis", die besser bekannt ist unter dem Namen „Sendero Luminoso" (Leuchtender Pfad) und dem von ihm vertretenden „Marxismus-Leninismus-Maoismus". Öffentlich in Erscheinung treten diese Gruppen, die sich etwa „Jugendwiderstand", „Roter Aufbau" oder „Kommunistischer Aufbau" nennen im Rahmen von Demonstrationen gegen Gipfeltreffen, wie dem G-20 Gipfel in Hamburg oder bei „Roten Revolutionären 1. Mai Demonstrationen". Ob sich hier politische Wiedergänger der K-Gruppen entwickeln, bleibt abzuwarten.

Was Sie aus diesem *essential* mitnehmen können

- Die K-Gruppen als Zerfallsprodukte der 68er-Bewegung
- Die sechs wichtigsten Organisationen
- Die drei Strömungen der K-Gruppen
- Die Blüte der K-Gruppen währt nur ein Jahrzehnt

Literatur

Arbeiterbund für den Wiederaufbau der KPD: Damit Deutschland den Deutschen gehört! Programmerklärung zur friedlichen Wiedervereinigung Deutschlands. Regensburg 1974.

Arbeitsgruppe „Gegen Antisemitismus", Der deutsche Antisemitismus heute. Warum er gefährlich ist und aus welchem Gully er gekrochen kommt, in: Kommunistische Arbeiterzeitung, Nr. 300 – Januar 2002, S. 26–34.

Aust, Ernst, Kampf der wachsenden Kriegsgefahr durch die zwei Supermächte! Für die Einheit und Solidarität der europäischen Völker, in: Roter Morgen. Zentralorgan der Kommunistischen Partei Deutschlands/Marxisten-Leninisten KPD/ML, Nr. 14 vom 5. April 1975.

Bacia, Jürgen, Der Kommunistische Bund Westdeutschlands, in: Richard Stöss (Hrsg.): Parteien – Handbuch. Die Parteien der Bundesrepublik Deutschland 1945–1980. Band II, FDP bis WAV, Schriften des Zentralinstituts für sozialwissenschaftliche Forschung der Freien Universität Berlin, Band 39, Westdeutscher Verlag, Opladen 1984, S. 1648–1662.

Bacia, Jürgen, Die Kommunistische Partei Deutschlands [Maoisten], in: Richard Stöss (Hrsg.): Parteien – Handbuch. Die Parteien der Bundesrepublik Deutschland 1945–1980. Band II, FDP bis WAV, Schriften des Zentralinstituts für sozialwissenschaftliche Forschung der Freien Universität Berlin, Band 39, Westdeutscher Verlag, Opladen 1984, S. 1810–1830.

Bacia, Jürgen, Die Kommunistische Partei Deutschlands/Marxisten-Leninisten, in: Stöss, Richard (Hrsg.): Parteien – Handbuch. Die Parteien der Bundesrepublik Deutschland 1945–1980. Band II, FDP bis WAV, Schriften des Zentralinstituts für sozialwissenschaftliche Forschung der Freien Universität Berlin, Band 39, Westdeutscher Verlag, Opladen 1984, S. 1831–1851.

Backes, Uwe und Jesse, Eckard, Politischer Extremismus in der Bundesrepublik Deutschland, vierte völlig überarbeitete und aktualisierte Ausgabe, Bundeszentrale für politische Bildung, Bonn 1996.

Benicke, Jens, Von Adorno zu Mao. Über die schlechte Aufhebung der antiautoritären Bewegung, ca ira-Verlag, Freiburg 2010.

Benicke, Jens, Damit Deutschland den Deutschen gehört. Über den Nationalismus der K-Gruppen, in: Jungle World. Wochenzeitung, Nr. 24 vom 17. Juni 2010, Beilage Dschungel, S. 18–23, 2010b.

© Springer Fachmedien Wiesbaden GmbH, ein Teil von Springer Nature 2019   39
J. Benicke, *Die K-Gruppen*, essentials,
https://doi.org/10.1007/978-3-658-24769-0

Benicke, Jens, Autorität und Charakter, 2., überarbeitete Auflage, Springer VS, Wiesbaden 2016.

Bundeswahlleiter, Bundestagswahl 2017. Online abrufbar unter: https://www.bundeswahllei-ter.de/bundestagswahlen/2017/ergebnisse/bund-99.html, zuletzt abgerufen am 08.05.2018.

Chruschtschow, Nikita, Die Geheimrede Chruschtschows. Über den Personenkult und seine Folgen. Rede des Ersten Sekretärs des ZK der KPdSU, Gen. N. S. Chruschtschow, auf dem XX. Parteitag der Kommunistischen Partei der Sowjetunion, 25. Februar 1956. Beschluss des Zentralkomitees der KPdSU über die Überwindung des Personkults und seine Folgen, 30. Juni 1956, Dietz Verlag, Berlin 1990.

Claussen, Detlev, Hans-Jürgen Krahl – Ein philosophisch-politisches Profil, in: Wolfgang Kraushaar, Frankfurter Schule und Studentenbewegung. Von der Flaschenpost zum Molotowcocktail. 1946–1995, Band 3, Aufsätze und Kommentare. Register, Rogner & Bernhard, Hamburg 1998.

Demirović, Alex, Der nonkonformistische Intellektuelle. Die Entwicklung der Kritischen Theorie zur Frankfurter Schule, Suhrkamp Verlag, Frankfurt am Main 1999.

Dickhut, Willi, Die Restauration des Kapitalismus in der Sowjetunion, überarbeitete und erweiterte Neuauflage, Verlag Neuer Weg, Düsseldorf 1988.

Eisenberg, Götz und Thiel, Wolfgang, Über Genesis, Verlauf und schlechte Aufhebung der antiautoritären Bewegung, Focus-Verlag, Gießen 1973.

Fichter, Tilman und Lönnedonker, Siegward, Macht und Ohnmacht der Studenten. Kleine Geschichte des SDS, Rotbuch Verlag, Hamburg 1998.

Gilcher-Holtey, Ingrid, Die 68er Bewegung. Deutschland – Westeuropa – USA, Verlag C. H. Beck, München 2001.

Gorki, Maxim, Unzeitgemäße Gedanken über Kultur und Revolution, hrsg. von Bernd Scholz, suhrkamp, Frankfurt am Main 1974.

Horkheimer, Max, Autoritärer Staat, in: Gunzelin Schmidt Noerr (Hrsg.), Max Horkheimer, Gesammelte Schriften Band 5, „Dialektik der Aufklärung" und Schriften 1940-1950, Suhrkamp, Frankfurt am Main 1987, S. 293–319.

Horkheimer, Max und Adorno, Theodor W., Dialektik der Aufklärung. Philosophische Fragmente, Fischer Taschenbuch Verlag, Frankfurt am Main, 1988.

Jacoby, Mascha, Post aus Peking, in: Die Zeit Nr. 15 vom 06.04.2017.

Kasper, Sebastian, Die vertagte Emanzipation. Warum die K-Gruppen und die Frauenbe-wegung nie zueinander fanden, in: Jungle World. Wochenzeitung, Nr. 23 vom 06. Juni 2013, Beilage Dschungel, S. 18–23.

Koenen, Gerd, Das rote Jahrzehnt. Unsere kleine deutsche Kulturrevolution 1967–1977, Fischer Taschenbuch Verlag, Frankfurt am Main 2002.

Kommunistische Partei Deutschlands/Aufbauorganisation, Vorläufige Plattform der Auf-bauorganisation für die Kommunistische Partei Deutschlands, in: Rote Presse Korres-pondenz der Studenten-, Schüler- und Arbeiterbewegung Nr. 56/57 vom 13.03.1970.

Krahl, Hans-Jürgen und Durschke, Rudi, Organisationsreferat, gehalten auf der 22. Delegiertenkonferenz des SDS im September 1967, Mitschrift des Tonbands, online abrufbar unter: http://www.krahl-briefe.de/ zuletzt abgerufen am 18.06.2018.

Krahl, Hans-Jürgen, Konstitution und Klassenkampf, Zur historischen Dialektik von bür-gerlicher Emanzipation und proletarischer Revolution. Schriften, Reden und Entwürfe aus den Jahren 1966–1970, Verlag neue kritik, Frankfurt am Main 1971.

Kühn, Andreas, Stalins Enkel, Maos Söhne. Die Lebenswelt der K-Gruppen in der Bundesrepublik der 70er Jahre, Campus Verlag, Frankfurt am Main 2005.

Langguth, Gerd, Protestbewegung. Entwicklung – Niedergang – Renaissance. Die Neue Linke seit 1968, Verlag Wissenschaft und Politik, Köln 1983.

Lenin, Wladimir Iljitsch, Aus dem Tagebuch eines Publizisten, in: Institut für Marxismus-Leninismus beim ZK der KPdSU (Hrsg.), W. I. Lenin. Werke Band 25, Juni-September 1917, Dietz Verlag Berlin 1974.

Lenin, Wladimir Iljitsch, An die amerikanischen Arbeiter, in: Institut für Marxismus-Leninismus beim ZK der KPdSU (Hrsg.), W. I. Lenin. Werke Band 30, September 1919-April 1920, Dietz Verlag, Berlin 1964.

Mallet, Serge, Die neue Arbeiterklasse. Luchterhand, Neuwied/Berlin, 1972.

Marcuse, Herbert, Der eindimensionale Mensch. Studien zur Ideologie der fortgeschrittenen Industriegesellschaft, Hermann Luchterhand Verlag, Neuwied und Berlin 1967.

Marcuse, Herbert, Brief an Theodor W. Adorno, in: Gunzelin Schmid Noerr (Hrsg.), Max Horkheimer, Gesammelte Schriften Band 18, Briefwechsel 1949–1973, Fischerverlag, Frankfurt am Main 1996.

Mason, Tim, Der Primat der Politik – Politik und Wirtschaft im Nationalsozialismus, in: Das Argument. Berliner Hefte für Probleme der Gesellschaft, Heft 41, 8. Jahrgang Dezember 1966 Heft 6, Staat und Gesellschaft im Faschismus, Faschismus-Theorien (IV), 3. verbesserte Auflage, Hervorhebung im Original.

Moreau, Patrick und Lang, Jürgen, Linksextremismus. Eine unterschätzte Gefahr, teilweise aus dem Französischen übersetzt von Roxanna Sajuk, Schriftenreihe Extremismus und Demokratie Band 8, Bouvier Verlag, Bonn 1996.

Ohne Autorenangabe, Alle reden von Schulung, Flugblatt zu einer Sitzung des Basisgruppenrates vom 22.05.1969, zit. nach: Wolfgang Kraushaar, Frankfurter Schule und Studentenbewegung. Von der Flaschenpost zum Molotowcocktail. 1946–1995, Band 2, Dokumente, Rogner & Bernhard, Hamburg 1998, Übernahme wie im Original.

Pannekoek, Anton, Lenin als Philosoph, Hrsg. von Alfred Schmidt. Mit e. Rezension von Karl Korsch u. e. Vorw. von Paul Mattick, Europäische Verlagsanstalt, Frankfurt am Main 1969.

Pfahl-Traughber, Armin, Linksextremismus in Deutschland. Eine kritische Bestandsaufnahme, Bundeszentrale für politische Bildung, Bonn 2015.

Popp, Martin und Gantzer, Rüdiger, Die Maoisten. Die modernen Volkstümler, herausgegeben von der Sozialistischen Arbeiter-Gruppe, Frankfurt am Main 1974.

Redaktion Arbeiterkampf, Strauß in China: Zum Kotzen!, in Arbeiterkampf. Arbeiterzeitung des Kommunistischen Bundes, Nr. 55 vom 28. Januar 1975, S. 1.

Redaktion Rote Fahne, Zu einigen Fragen des antimilitaristischen Kampfes: Gegen die Supermächte kämpfen, dem Pazifismus eine Absage erteilen!, in: Rote Fahne. Zentralorgan der Kommunistischen Partei Deutschlands (KPD), Nr. 28 vom 16.07.1975, S. 7.

Schatten, Fritz, Der Konflikt Moskau – Peking. Dokumente und Analysen des roten Schismas, R. Piper & Co. Verlag, München 1963.

Schlomann; Friedrich Wilhelm und Friedlingsstein, Paulette, Die Maoisten. Pekings Filialen in Westeuropa, Societäts-Verlag, Frankfurt am Main 1970.

Schröder, Jürgen, Ideologischer Kampf vs. regionale Hegemonie. Ein Beitrag zur Untersuchung der „K-Gruppen", in: Berliner Arbeitshefte u. Berichte zur sozialwissenschaftlichen Forschung, Nr. 40, Berlin 1990.

Steffen, Michael, Geschichten vom Trüffelschwein. Politik und Organisation des Kommunistischen Bundes 1971 bis 1991, Assoziation A, Berlin/Hamburg/Göttingen 2002.

Stengl, Anton, Zur Geschichte der K-Gruppen. Marxisten-Leninisten in der BRD der Siebziger Jahre, Zambon Verlag, Frankfurt am Main 2011.

Streikkomitee Spartakus – Seminar, „Solidarität mit dem Spartakus – Seminar!", Flugblatt – Aufruf zu einem gesamtuniversitären „Teach – in gegen die technokratische Hochschulreform" vom 19.12.1968, zit. nach: Wolfgang Kraushaar, Frankfurter Schule und Studentenbewegung. Von der Flaschenpost zum Molotowcocktail. 1946–1995, Band 2, Dokumente, Rogner & Bernhard, Hamburg 1998.

Subversive Aktion, Unverbindliche Richtlinien Nr. 2, Dezember 1963, zitiert nach: Frank Böckelmann und Herbert Nagel (Hrsg.), Subversive Aktion. Der Sinn der Organisation ist ihr Scheitern, Verlag neue kritik, Frankfurt am Main 1976. S. 115.

Wiegand, Ronald, „Herrschaft" und „Entfremdung". Zwei Begriffe für eine Theorie über den Faschismus, in: Das Argument. Berliner Hefte für Probleme der Gesellschaft, Heft 30, 6. Jahrgang Heft 1, 1964, Faschismus-Theorien (I), 5. Auflage März 1970, S. 138–144.

Wright Mills, Charles, Die amerikanische Elite: Gesellschaft und Macht in den Vereinigten Staaten, Holsten, Hamburg 1962.

Wunschik, Tobias, Die maoistische KPD/ML und die Zerschlagung ihrer „Sektion DDR" durch das MfS, BF informiert Nr. 18, Berlin 1997.

Zentralkomitee der Kommunistischen Partei Chinas, Vorschlag zur Generallinie der internationalen kommunistischen Bewegung, zit. nach: Philippe Devillers, Was Mao wirklich sagte, Verlag Fritz Molden, Wien 1967.

Zentralkomitee der Marxistisch-Leninistischen Partei Deutschlands (MLPD) (Hrsg.), Geschichte der Marxistisch-Leninistischen Partei Deutschlands, 3 Bände, Stuttgart, 1985.

ZK der KPD/ML (Hrsg.), Linie und Entwicklung der Gruppe „Rote Fahne" (KPD) 1970–1975. Die Einheit der Marxisten-Leninisten im Kampf gegen revisionistische und trotzkistische Einflüsse herstellen, in: Der Weg der Partei. Theoretisches Organ der KPD/Marxisten-Leninisten, Nr. 3 1975, Verlag Roter Morgen Dortmund 1975.